家庭教育

IATING JIAOYU

一年级

总 主 编——朱永新
本书主编——李福灼 童喜喜

漓江出版社
·桂林·

图书在版编目（CIP）数据

家庭教育．一年级 / 朱永新总主编；李福灼，童喜喜主编．-- 桂林：漓江出版社，2023.8
ISBN 978-7-5407-9117-9

Ⅰ．①家… Ⅱ．①朱… ②李… ③童… Ⅲ．①小学生—家庭教育 Ⅳ．① G782

中国版本图书馆 CIP 数据核字（2021）第 138829 号

家庭教育　一年级
JIATING JIAOYU YINIANJI

总 主 编　朱永新
本书主编　李福灼　童喜喜

出 版 人　刘迪才
选题统筹　李　弘
责任编辑　杨海涛
装帧设计　黄　洁
责任监印　杨　东

出版发行　漓江出版社有限公司
社　　址　广西桂林市南环路22号
邮　　编　541002
发行电话　0771-5825315
邮购热线　0771-5825315
网　　址　www.lijiangbooks.com
微信公众号　lijiangpress

印　　制　广西民族印刷包装集团有限公司
开　　本　787 mm × 1092 mm　1/16
印　　张　11.25
字　　数　142千字
版　　次　2023年8月第1版
印　　次　2023年8月第1次印刷
书　　号　ISBN 978-7-5407-9117-9
定　　价　32.00元

丛书编委会

本书编委会

总 主 编：朱永新

本书主编：李福灼　童喜喜

副 主 编：刘　嫦

本书作者：刘　嫦　刘丹丹　谢福胜
唐巍洋　李　丽　赵桃艳
黎玉兰

总 序

家庭是教育的起点

朱永新

我们培育的孩子，是中国美好的明天，是我们共同的未来。每个大人都希望孩子有出息，希望今天的孩子是明天的人才。

但是，无论父母还是老师，我们很多大人在面对孩子的许多问题时，经常力不从心，不知所措。遇到困难的大人们，无论是渴望家庭教育方法的父母长辈，还是希望引导父母做好家庭教育的一线教师，不仅需要倾诉和聆听，更需要得到指导和帮助。这一套为家长量身打造的“家庭教育”丛书，正是为此应运而生。

为了让这套“家庭教育”丛书能够得到更好运用，在编写过程中，我们对各个环节进行了精心的设计。

我们针对0～3岁、幼儿园、小学、初中、高中五个阶段，分别邀请专家学者进行主编：《中国教育报·家庭教育周刊》主编杨咏梅和广西幼儿师范高等专科学校校长、教育学博士文萍主编0～3岁阶段和幼儿园阶段的内容，新教育萤火虫亲子共读公益项目创始人、原新家庭教育研究院理事长、著名儿童文学作家童喜喜和南宁师范大学教师教育学院院长、教授李福灼主编小学阶段的内容，南京师范大学教授、新家庭教育研究院副院长殷飞和南宁市第十四中学校长、正高级教师石鹏主编初中阶段的内容，中国教育学会家庭教育专业委员会常务副理事长、中国教育报刊社原党委书记兼社长翟博和南宁师范大学教师教育学院副院长、广西家庭教育研究会副会长王文蓉主编高中阶段的内容。

这五个阶段的主编，都是活跃在一线的优秀专家，在学术研究上各有造诣，都是家庭教育工作的资深学者，常年奔走在全国各地，对家庭教育的一线情况如数家珍，不仅有着广泛的影响力，更对不同地区的家庭教育特点有着全面把握，让这套丛书的内容能够更好地覆盖不同群体。

我们反复研讨，提出了诸多具体细致的编写要求。比如写作中，围绕相同问题，需要归纳不同背景、不同环境下容易出现的不同类型的状况或做法，分门别类地进行指导，从而让读者在阅读中更容易发现自己的问题和不足，选择方法时更有针对性等。

我们组建了由在中小学、幼儿园工作的优秀教师和全国各地的“新教育种子计划”公益项目的榜样教师组成的作者团队。这些作者本身就活跃在家庭教育的一线，他们每个人都在为丛书添砖加瓦，使得这套丛书更接地气，进一步提高其实用性。

我们以“过一种幸福完整的教育生活”作为宗旨，在内容中贯彻诸多家庭教育的根本理念，如“教育，从家庭开始”“幸福比成功更重要，成人比成才更重要”“阅读和家庭，是教育的两大基石”“母亲是女人最神圣的天职”“父亲是男人最重要的工作”“与孩子一起成长”“教育需要智慧爱”等。

我们反复推敲丛书的体例，形成了一个严密而高效的结构——

导语，对单元目标进行提纲挈领的把握。

案例分析，以当下事件为切入点，提炼重大问题，有的放矢。

了解孩子，明确不同年龄段孩子的主要特点，增进多方了解。

实施指南，以简明扼要的语言提供具体方法。

延伸拓展，围绕相关主题，推荐更多图书、影视或亲子活动，便于按图索骥，亲子共读、共赏、共乐。

评估改进，以现实生活中易犯的错误，结合章节的主题，编写测试题，供读者自测、自评，拟订行动计划。

鲜活的案例、务实的分析、高效的方法、贴心的测评，我们相信，这套丛书能够成为家庭教育的高参，成为家校共育的锦囊。

其实，在收到主编这套“家庭教育”丛书的邀请之时，我犹豫了很久。一是因为本职工作已经非常忙碌，主编一套丛书需要不少时间；二是因为早在几年前，我已经组织编写过一套同类题材的图书。最终，考虑到漓江出版社当时是应教育部门的委托前来邀请，考虑到有了此前的经验能够弥补一些不足，可以进一步提高家庭教育的有效性，我还是答应下来。

我知道，理念转化为图书容易，方法转化为行动艰难，所以我们从不同层面，推动着行动。

我把主编这套丛书的稿费100%捐赠给江苏昌明教育基金会，用于开展更多家庭教育研究和实践。

这套丛书的主编团队、作者团队，不仅会完成这套丛书的编写，还会在更多家庭教育的活动中，身体力行地帮助家长、教师、社会工作者运用这些知识。

在漓江出版社的支持下，由“家庭教育”丛书的编写委员会执行主编、小学阶段主编童喜喜以中国儿童文化艺术基金会“新孩子”专项基金和新教育新阅读研究所统筹组建的公益团队，已经在为城市、乡村等不同处境的父母群体细化研发更有针对性的课程，密切关注留守儿童成长问题、隔代教育问题等，并借助网络的便利，以公益的方式，将以“新父母双师网校”为载体，以“新教育种子计划”“新教育萤火虫亲子共读”等公益项目，为父母、老师提供更多跟进指导。

这套丛书的内容得到了许多学校的认可。如今越来越多的学校教育工作者发现：家庭教育做好了，学校教育的地基就坚实了。所以，我们也和漓江出版社多次沟通，根据学校的特点和要求进行相应调整，专门推出了适合学校工作的版本，便于学校组织开展家庭教育工作。

陶行知先生说过：“生活即教育。”家庭教育正应该成为这样的生活。教育应以万千家庭的生机盎然，组成新时代的蓬勃原野。

感谢漓江出版社的信任，感谢参与编写和创作的全体专家、老师认真勤奋、卓有成效的工作。错漏之处，敬请读者们多多指正。

家庭是教育的起点。起点稳了，方向对了，基础就牢了，孩子就好了，家庭就和谐了，教育就完整了，人生就幸福了。让我们一起努力，用好教育建设我们的好家庭！

2022年8月13日写于高铁途中

开 篇 语

适应规则，养成习惯

一年级是孩子漫漫求学路上的第一站，也是孩子人生旅途中第一个重要的转折。“坐不住”“没规矩”“鲁莽”“自我中心”“爱告状”“依赖性强”是这个阶段孩子的代名词，“哭丧的脸”“无邪的笑”“瞪圆的眼”“微噘的嘴”是他们惯有的“表情包”。他们常常令家长哭笑不得、苦恼不已，他们又是那么天真活泼、惹人怜爱。他们就像一株株新苗，一年级的经历是他们拔节生长的土壤；他们又像一张张白纸，一年级的生活是他们理想蓝图的底色。可以说，一年级是最值得期待和憧憬的年级，也是最应该关注和重视的年级。

作为一年级孩子的家长，我们对孩子所有的希冀都可以从这里出发，对孩子所有的担心也都从这里开始。我们满怀希望：希望孩子开心快乐、健康平安，希望孩子爱好广泛、成绩优秀，希望孩子阳光开朗、彬彬有礼……我们又莫名担心：担心孩子羞怯胆小受欺负，担心孩子学习不好受歧视，担心孩子三心二意做事磨蹭，担心孩子挑食偏食营养不良……

面对刚跨入小学校门的“宝贝”，家长们焦虑又迷茫：孩子早上赖床怎么办？孩子上课不专心怎么办？孩子适应不了学校规则怎么办？孩子总与同学发生冲突怎么办……

本册书将围绕“适应规则，养成习惯”这一核心主题，从“如何与孩子一起建设好家风”“如何引导孩子管理好时间”“如何帮助孩子适应小学生活”“如何培养孩子与人交往的能力”“如何帮助孩子健康成长”“如何处理好家校关系”六个维度入手，通过鲜活的案例、科学的分析、具体的策略，指导家长带孩子立规矩、养习惯、爱学习、学交往、重安全、讲健康，陪伴孩子走稳求学第一步，筑牢美好人生的根基。

父母好好学习，孩子天天向上。愿每一位家长都行动起来，和孩子一起“入学”，和孩子一起适应，和孩子一起成长！

目 录

一年级上册

一年级下册

一年级上册

第一专题 如何与孩子一起建设好家风

家风是一个家庭一代人或几代人长期形成的风气，是家庭的文化涵养和精神内核。中华民族自古以来重视家风建设，精深宏富的家规家训绵延千年，是中国家庭教育的瑰宝，也是中华民族家风文化的重要组成部分。

定家规、立家训是一个家庭建设良好家风的关键，也是帮助孩子扣好人生第一粒扣子、迈好人生第一个台阶的关键，更是引导孩子适应社会、步入成长快车道的关键。

刚入学的孩子规则感普遍不强，从幼儿园的相对自由到小学的纪律严明，大多数的孩子都难以适应。他们上课喜欢走动，排队不听指挥，难以按时上学，不会整理书包；他们脑子里有十万个“为什么”：为什么橡皮不是玩具？为什么同学不跟我玩？为什么上课铃响就要回教室？为什么下课才能上厕所？

以上种种均是孩子规则意识薄弱的表现。一年级正是孩子规则意识形成的关键期，有规则的生活更能给孩子带来安全感。家长可用好这一时期，从引导孩子制定家规、遵守家训做起，帮助孩子建立规则意识，助力孩子更好地适应小学生活。

那么，家长该如何带领孩子制定家规？又该如何引导孩子参与家庭建设？本专题，我们将通过三个不断进阶的小节，从家规制定的方法到遵守家规的策略，再到让孩子参与讨论家事的建议，逐一为家长答疑解惑，指点迷津，帮助家长与孩子一起立好家规、守好家训、建好家风。

家有家规

——一起制定家规，和孩子商量

案例分析

壮壮是一个虎头虎脑的小男孩，是家里的宝贝。壮壮的父母觉得要给他自由成长的空间，认为小孩就应该不受约束，自由地玩耍，“散养”才是最好的教养方式。壮壮在父母的教育理念影响下，自小活泼好动，不仅不讲礼貌，还经常在幼儿园破坏其他小朋友的玩具。

转眼间壮壮6周岁了，成为一年级的小学生，但他还保持着以前随意的习惯：在学校从来不收拾自己的东西，什么事情都需要老师帮忙来做；作业拖拉，总是丢三落四；在课堂上为所欲为，不服从老师的管理……老师为此十分头痛，多次跟家长沟通后发现，壮壮之所以会养成这些散漫的习惯，家庭教育的“散养”思想影响。父母的“让孩子自由生长，树大自然直”的思想，正在让壮壮与其他孩子逐渐拉开距离。

壮壮这个年龄的孩子还不能有意识地控制自己，不清楚自己应该做什么、不应该做什么。在这个阶段家长要做的就是帮助他们形成规则意识，让他们逐渐明白什么是界限。但是，家长往往发现，给孩子立规矩很困难，孩子很多时候都不肯配合。有时父母想让孩子去完成一个任务，总需要一遍遍地催促，孩子会装作没听见，甚至会出现所谓的“熊孩子行为”，不服从父母的命令，不遵守规矩，让家长烦恼不已。

在生活中，家长在培养孩子的规则意识方面，主要存在以下误区。

1. 过度自由，缺乏规则

给孩子立规矩，不仅是让孩子“乖”“听话”，更重要的是，遵守规矩才能保证孩子在良好的环境中快乐学习、健康成长，才能让孩子学会判断是非善恶，自发地建立良好的秩序与和谐的氛围。

一部分家长受“自由教育”思想的影响，认为孩子应该“散养”，不应对孩子有过多约束。家长如果不能尽早地把规则意识有效地传递给孩子，那孩子就有可能成为一个没规矩的人。如果规矩立得太晚，孩子的坏习惯都已经养成了，到那个时候再想引导和改变孩子的行为，已经很难。孩子长大后形成的许多不良行为习惯，如不遵守秩序、不服管教、攻击性强都与家长过度顺应孩子的自由有关。

2. 过度管教，规则不合理

有些家长的教育观念走向另一个极端，他们认为必须让孩子听话，应该对孩子多设限制，强迫孩子服从大人，并且认为这是管教严格、不娇惯孩子的表现。不让孩子参与制定规则，或者规则制定得不合理，孩子就不能理解制定规则的原因和目的，自然不愿自觉地遵守规则。在这种家庭氛围中成长的孩子，主观能动性会受到抑制，害怕尝试新事物，遇到挫折常常惶恐不安，长久下去，孩子的探索与创新意识会比较薄弱，这类孩子往往容易丧失自我，表现出没有主见。

在家庭教育中，要把握好爱和规矩之间的平衡，让孩子在规则中自由成长，这样的孩子才会既有责任心，又有开拓性。

了解孩子

一、规则是孩子建立安全感和认识世界的工具

孩子天生需要规则，这是他们建立安全感、认识世界的一种工具。

就像家总是有四面墙作为一个固定的范围和边界一样，孩子面对外部的世界，就需要有社会规则作为框架和范围。规则可以让孩子明确内在世界和外在世界的界限，有助于他们建立理性认识、控制情绪、增强自制力等。

从心理学角度讲，儿童都需要内心的安全感。一般来说，来源有两方面：一是父母在身边，永远都能对自己的需求有回应；二是儿童认为周围的环境是可以预期的、固定不变的，心里想的和看到的东西是一致的。如果外部世界没有规则，周围的人破坏规则；又或者父母给孩子制定规则，自己却破坏规则，这些都会让孩子内心困惑，产生一种不安全、不确定的感觉，进而阻碍孩子心理的健康发育。

二、6岁是孩子规则形成的关键期

著名儿童心理学家让·皮亚杰认为：儿童的道德品质是从他律道德水平向自律道德水平发展的。随着年龄的增长，6岁以上的儿童将逐渐由他律转向自律道德，意识到规则是共同约定的，根据需要，规则是可以协商的。在心理学上将3～6岁的阶段称为“潮湿的水泥期”，这是孩子性格、行为习惯培养最关键的时期，孩子85%～90%的性格、想法、行为方式，都是在这个阶段形成的。

从成长规律看，6岁正是孩子从幼儿园步入小学的年龄，无论是生活习惯的养成还是学习习惯的培养，小学阶段对于规则的要求都远比幼儿园要严格得多。因此，家长要抓住孩子形成规则意识的关键时期，和孩子商定好相应的生活规则和学习规则，帮助孩子顺利度过幼小衔接的转折期。

那么，在日常生活中，孩子对规则的认知是怎样的呢？让我们听听孩子的心声：

1. 我很依赖爸爸妈妈

我是家里的独生子，爸爸妈妈总是围着我一个人转。他们从来没有给我定过什么规矩，我也不知道我该遵守什么规矩。大家都叫我“小皇帝”，我的所有事情都是妈妈帮我做的，只要有妈妈，我什么都不用操心啦！

2. 我希望爸爸妈妈教会我遵守规则

爸爸妈妈对我言听计从，从来不限制我的行为，也没有告诉过我该遵守什么规则。当我在书店里喧哗的时候，为什么其他人会向我投来异样的眼光？爸爸妈妈如果早点教我遵守规则，我也是可以做一个讲文明的小朋友的。不是我不想遵守规则，而是我根本不知道我该遵守什么规则。

3. 我希望能参与制定规则

妈妈规定，我周一到周五的晚上要阅读，不能看电视。可是，我很想很想看电视。我能不能在周三的晚上看一会儿电视呢？可妈妈从来不听我的意见。

实施指南

一年级的孩子处于形成规则意识、养成良好习惯的关键时期，用好这一教育敏感期，引导孩子从制定家规、认同家规做起，进而自觉认同并遵守校规校纪及诸多社会规则，我们的教育就会收到事半功倍的效果。

◆ 策略一：明确家规的内容范围

家规立什么呢？建议遵循以下几点原则：

1. 立家庭成员都要遵守的规矩

所谓家规，即家庭规矩，用来约束家庭中所有成员，家规的内容也要包含对所有家庭成员的要求。不能只针对孩子，更不能朝令夕改，只有大家一起遵守家规，才能给孩子稳定的规则感和价值观。

2. 立利于孩子个性成长的规矩

家规的制定和执行要针对各自孩子的特点，因人而异。如男孩跟女孩应有所不同，内向的孩子跟外向的孩子要各有侧重，乖巧的孩子跟淘气的孩子应区别对待……总之，家规的制定应本着个性化原则，要有利于强化孩子好习惯或矫正孩子坏习惯，利于孩子自主生长和良性发展。

3. 立符合不同家庭特点的规矩

现代家庭的居住模式各异，特别是随着二孩、三孩政策开放，家庭结构由原来的三口之家居多发展为多种组合并存，如二孩家庭、三孩家庭、无老人同住家庭、有老人同住家庭、有保姆家庭……多样的家庭模式意味着家规的制定也要考虑不同家庭的特点。只有这样，家规才能更好地被执行，家风才能更好地被延续。

◆ 策略二：和孩子共同制定家规

一个家庭的家规是家庭成员的行为规范，需全家人协商制定。

》》 1. 召开家庭会议，全家民主讨论

召开家庭会议，针对家规内容让所有家庭成员各抒己见，特别要鼓励孩子大胆说出自己的想法，要耐心倾听孩子的意见，切忌孩子一开口就予以否定。等所有成员都充分发表意见后，再根据家庭具体情况对大家的意见进行整合增删，最后由家庭成员一致通过。这样以家庭会议的方式讨论和制定家规，既能让孩子在家庭中找到存在感，又培养了孩子的主人翁意识，利于孩子实现由处处依赖的幼儿到独立自主的学童的角色转变，这也是孩子适应小学生活的关键一环。

》》 2. 形成文本，家庭成员签字确认

家规经民主讨论确定之后，父母应认认真真把它抄写或打印出来，形成规范的文本，让所有家庭成员再次阅读确认。当大家都一致认可后，再郑重其事地在家规文本签上各自的名字。这一步是必不可少的，也是至关重要的，这昭示着家规就是一个家的行为规范，人人都要严格遵守，神圣不容违犯。

例如，可以打造这样的一份家规。

事项	具体内容
生活起居	（1）小玲早上七点起床，晚上八点休息 （2）爸爸妈妈早上六点半起床，晚上九点休息
学习习惯	所有人每天坚持阅读一小时
生活习惯	所有人饭前便后要洗手
待人接物	（1）如果家里来了客人，小玲要学会打招呼；爸爸妈妈招待客人要热情 （2）每个人都要与家人和睦相处，不随意发脾气
家庭娱乐	（1）小玲周一到周五不看电视 （2）爸爸妈妈在家不刷抖音，不打麻将
家务劳动	……
出行安全	……

3. 设计装裱，张贴上墙

为了强化家规的执行，营造仪式感，家长可以将签过字的家规设计装裱，张贴上墙，提醒家人互相监督，以帮助孩子养成良好的习惯。

4. 实施家规，奖罚分明

家规一旦明确，就应坚决执行，每隔一段时间，应对家规做调整和修补。定期召开家庭会议，全家一起分享家规执行的情况和体会，发展家庭民主，相互尊重，共享家庭中爱的氛围。家长要监督孩子对家规的执行情况，如果孩子遵守规矩，要及时鼓励和表扬，从正面强化他的积极行为；对家庭成员违反规则的行为给予相应的处罚，从而帮助孩子树立遵守家规的意识。

综上所述，家规对于孩子的成长至关重要，可以让孩子适应有规律的生活，行为有序。想要孩子成为什么样的人，怎样才能达到教育的目的，是制定家规的出发点。制定家规时既要尊重孩子的心声，也要符合家庭特点；既要全家一起遵守，也要通过一定形式及时反馈，以此让孩子取得更大的进步。

信守规则

——一起遵守家规，做孩子的榜样

案例分析

多多出生在一个幸福的家庭里。父母经营着一家广告公司，他们非常重视多多的家庭教育，为了把多多培养成一个优秀的孩子，他们投入了很多的时间和精力。随着多多学龄期的到来，父母和多多一起制定了家规，监督他矫正不良习惯，以此帮助他养成好习惯，顺利度过幼小衔接期。

有了家规，就有了教育的扶手，按说多多就可以逐渐进步和提高，可是最近多多妈妈却总是高兴不起来。原来，虽然家里制定了“讲文明，不骂人”的规则，但是多多爸爸还是会经常不自觉地说脏话，自己带头违背家规，也让多多沾染了这个毛病。

案例中，由于多多爸爸违反了家规，多多受到爸爸的影响，也学会了不自觉说脏话。制定了家规后，并不是所有的规则都可以在家庭中得到顺利的执行，时间一长，可能就会出现如下破坏规则的现象。

1. 家长自己没有严守规则

有的家长一边要求孩子遵守规则，一边却不遵守这些规则。比如家长让孩子早睡，自己却在熬夜；让孩子看书学习，自己却在看手机；教育孩子过马路要“红灯停、绿灯行”，而自己却总是闯红灯……这样的话，孩子就会对家长产生不信任的心理，当家长再去教育孩子没有很好地完成自己的事情时，孩子就会很不愿意接受家长的批评，心想：“我妈天天都熬夜，凭什么天天让我早睡？”

家长是孩子的榜样，父母的所作所为直接影响孩子的思想行为。所以，家长为孩子设立了规矩，但这些规矩决不能只应用在孩子身上，家长也必须以身作则去遵守这些规矩。家长只有以身作则，才能培养孩子好的习惯。

2. 家长没有始终如一地要求孩子

如果孩子苦苦央求，呜呜抱怨，胡搅蛮缠，软磨硬泡，家长会禁不住心软，屈服于孩子的哭闹和委屈，将规则放宽了，甚至想着“这次就算了吧”，那么久而久之，这样的规则就将形同虚设。不能长久实施的规则无法约束孩子的行为，相反的，它只能带来混乱和孩子对规则的怀疑。当怀疑产生，试图违反规则的行为就会随之而来。因为家长偶尔表现出来的宽容态度让孩子产生了误会，他们以为规则并不如想象中那样严格。如果是这样，规则将失去预期的效果。

“遵守家规”是一场长期的战役，需要给孩子时间去消化和成长，也需要家长花时间去学习如何更好地引导和教育孩子。在执行家规的过程中，家长要做好孩子的榜样，对孩子坚持始终如一的严格要求。

了解孩子

家长只有了解孩子，才能通过合理的方式让孩子理解规则，心悦诚服地接受规则，从而更好地引导孩子遵守规则，养成习惯。

一、一年级的孩子处于社会规范敏感期

一年级的孩子处于社会规范敏感期，他们已经形成了一些内在的规则意识，开始对规则的建立和遵守显得格外在意。他们在做事之前都会去建立一些规则，以约束每个参与这件事的人。因为孩子的自我意识在进一步发展，他会要求平等、公正，而规则会让他们感到安全。这时候他们除了对他人不遵守规则的行为感到痛苦，还会对被人强迫改变自己的规则而痛苦。

当家长对孩子的行为不理解的时候，或与孩子之间的规则发生分歧的时候，家长不要急于说服他按照家长的想法去做，而是先与他沟通，引导孩子说出自己的真实想法。如此一来，家长会发现，孩子的想法也有一定的道理，并不是他任性或故意找碴儿。那么，家长就要尊重孩子的规则意识，从而让规则在他的内心得到强化。

二、模仿是孩子的主要学习方式

6岁的孩子受知识、经验、情感等因素的局限，以形象思维为主，因而模仿是他们发展智能和认知的主要途径。美国著名心理学家杰罗姆·凯根说："对于孩子，模仿是一种获得愉悦、力量、财富或者其他目标的自我意识的一种尝试。"可见，模仿也是孩子获得自我肯定的一种心理需要。

心理学研究表明：10岁之前是孩子对父母的崇拜期，这个时期无论语言、行为还是思想，父母都是孩子崇拜的对象，是孩子“语言的播种者、行为的示范者、思想的引领者”。因此，孩子更喜欢模仿父母，比如，女孩子看到妈妈穿高跟鞋也想试着穿，而男孩喜欢和爸爸一起开汽车、踢足球，等等。因此，家长应主动遵守规则，这样才能不断强化孩子的规则意识。

那么日常生活中，我们的孩子是怎么想的呢？

1. 我希望妈妈不要说一套做一套

妈妈经常教育我要孝敬父母，给我讲了很多孝敬父母的故事。可是，我却发现，妈妈总是对我说一套，她自己做一套。她对待奶奶的态度很差，经常和奶奶争吵。妈妈说的和做的为什么不一样呢？

2. 我希望妈妈也能遵守规则

妈妈教育我不要撒谎，可是她有时候也撒谎。邻居阿姨来我家借电动车，妈妈却说：“不行，电动车没有电了。”我明明看到妈妈刚给电动车充满了电。那个时候，我真想冲出去对阿姨说实话。

3. 爸爸和妈妈对我的要求不一致

有一次，我和妈妈在小区里散步，发现垃圾桶旁边有一个塑料瓶。我想起爸爸说的“塑料瓶应该放在可回收垃圾桶里”，马上跑过去捡塑料瓶，准备投放到可回收垃圾桶里。谁知妈妈却训斥我：“你这孩子怎么学起捡破烂了？这样的活儿让清洁工人去干吧。”我顿时愣住了，为什么妈妈和爸爸说的不一样？我该怎么办呢？

实施指南

如何让一年级孩子快速适应规则、适应学校？我们不妨从引导孩子遵守家规做起，从家长带头遵守规则做起。

◆ 策略一：以身作则，做好孩子的榜样

榜样的力量是无穷的。家长与其喊破嗓子，不如做出样子。教育孩子的最好方式，就是以身作则，遵守制定的规则，以实际行动影响和引导孩子。比如想让孩子养成看书的习惯，家长就要多看书，少玩手机；想让孩子讲文明、有修养，家长在人际交往中就要遵守行为规范和道德准则；想让孩子养成勤劳的品性，家长就要爱劳动，勤勉敬业；想让孩子具备孝顺的德行，家长就要讲孝道，尊重老人……孩子耳濡目染，渐渐地就能形成习惯了。

一位父亲带着儿子上了公交车，上车后，父亲往投币箱投入钱币，就往车厢后面走去，而孩子也紧紧跟在父亲身后，但没有投币。由于公

交车正在出站，司机没有注意到孩子的“逃票”行为。当父亲发现孩子没有投币时，没有“睁一只眼闭一只眼”让孩子蒙混过关，而是抓住教育契机，立即带着孩子向司机道歉并重新投币。父亲的行为为孩子做出了遵守规则的最好表率，也让孩子受到了深刻的教育。

◆ 策略二：温柔而坚定地执行

教孩子规矩，不能今天执行了，明天又放纵了。家长要有耐心，要始终如一地坚持下去。昨天这样，今天也这样；在家里这样，在外面也这样；顺从这样，哭闹也这样。无论何时何地，都要一直温柔而坚定地执行下去。

1. 坚定立场

当孩子出现不守规矩的行为时，家长要坚决批评矫正，切忌被孩子的情绪控制，更不能因孩子的泪水妥协，否则只会助长孩子恶习，收到适得其反的效果。对吵闹不休的孩子，可将其暂时隔离，然后用平和又坚定的语气对他说：“我们都喜欢和你在一起，如果你也喜欢和我们在一起，你必须先学会安静，只有安静下来，才能再加入我们。”记住千万不要恐吓孩子，要让他学习自律并做出决定。

2. 管住言行

恶语伤人六月寒。在提醒或规劝孩子时，家长应尽量给予“正向引导”而非“反向否定”。比如，要劝阻孩子在沙发上跳，与其说“告诉你几百次了不可以在沙发上跳，你就是听不懂”，不如说“你这样在沙发上跳，我好担心你会受伤”。

此外，家长要认清“管教非惩罚”，“惩罚亦非体罚”。家长若以体罚为武器，将会使亲子双方陷入对峙状态，引发情绪战争。

◆ 策略三：量化奖惩，让家规执行看得见

在引导孩子遵守家规的过程中，家长可以根据家规内容制定一个规

矩积分表，通过量化方式对孩子的表现进行客观评价、定期奖惩，让孩子的规则意识在量化奖惩的刺激下逐步提高。

规矩积分表

项目		积分	星期一	星期二	星期三	星期四	星期五	星期六	星期日
加分项	按时起床	20							
	自己穿衣、穿鞋	10							
	穿戴完毕才走出自己的房间	10							
	收拾床铺	20							
	饭前自觉洗手	10							
	早晨 7：15 之前吃早餐	10							
	7：40 之前出门上学	20							
	早上起床后及晚上睡觉前刷牙	20							
减分项	看电视 30 分钟	–20							
	玩电子游戏 15 分钟	–20							
	晚起 15 分钟	–10							
	不按要求整理书桌	–10							
	用餐后不清理餐桌	–10							
	对爷爷奶奶没礼貌	–10							
	欺负弟弟妹妹	–10							
	浪费水	–10							
积分汇总	每日积分合计								
	本周积分合计								
	本周兑现积分								
	本周积分结余								

家长应随时关注孩子的积分情况，积分达到一定的量要及时给予奖励，比如累计500分可以和爸爸妈妈去游乐园玩一次，累计1000分可以提出一个合理的要求，等等。为了鞭策家长以身作则，调动孩子自觉遵守家规的积极性，积分也可采取“亲子比拼”的形式，所有家庭成员均参与积分，每月评比一次，积分最高者评为“家庭标兵”，以满足一个愿望为激励。

平等和谐
——一起讨论家事，让孩子参与

案例分析

明明家要装修新房，这可是全家的大喜事。明明马上要有自己的房间了，他激动了好多天，逢人就炫耀。

这天放学回家，明明看见爸爸妈妈在和装修设计人员一起商量装修的细节，他也马上放下书包凑了上去。妈妈推了推明明，一脸不高兴地说：“小孩子家凑什么热闹？快去写作业。”爸爸也在旁边附和：“这是大人的事情，小孩子不要瞎操心。”明明看到爸爸妈妈都这样不耐烦，心里充满了委屈：家里装修这么大的事，凭什么我就不能参加？为什么我的房间我不能做主？看到父母不耐烦的表情，明明只好悻悻离开。因为心情不好，所以明明那天的作业质量也特别差……

“小孩子凑什么热闹？”“小孩子懂什么？”相信这样的话语在很多家庭都出现过。父母以一家之长自居，对家里家外事情大包大揽，甚至跟孩子有关的问题也从来不征求孩子意见，更不让孩子参与家庭事务的讨论和决策。他们认为孩子什么都不懂，也提不出什么有价值的建议，一切听从家长的安排，专心学习即可。家长不让孩子参与家事，其主要根源是什么呢?

1. 没有尊重孩子

很多家长以孩子还小为由，忽略孩子的想法和感受，使他们在家中老是处于被照顾的地位。还有些家长认为，孩子的事情就应该父母替他做主。其实，作为家庭成员之一，孩子在家庭生活中的地位和父母是完全平等的，也有权参与家庭事务的讨论和决定。如果遇到什么事情家长都不跟孩子商量，渐渐地，孩子不仅会失去与家长沟通的意愿，而且会认为自己在父母眼里是被看轻的人，从而变得懦弱，没有主见。

遇到事情多与孩子商量和讨论是尊重孩子的表现，孩子能从中感觉到自己备受父母的重视，家长与孩子能更加平等相处，孩子也会更愿意采纳家长的意见。在这样民主和谐的家庭氛围中，孩子会越来越有主见，他们的思维能力、抉择能力都会不断增强。此外，帮助家长解决问题或分担压力会让孩子建立强烈的使命感，有利于孩子成长为独立而坚强的人。

2. 担心孩子犯错误

有的家长认为，孩子年龄小，不懂事，嫌孩子给自己添乱、帮倒忙，什么都不让孩子参与。的确，在刚开始参与家庭事务时，孩子很有可能只会添乱，因为他们缺乏人生经验，逻辑思维能力也不够强，很难给出理性的建议。但是，随着参与家庭事务的次数越来越多，孩子不断得到学习的机会，也就能渐渐地成长和成熟起来。而且，孩子观察问题的视角和父母不同，他们会以自己的思路进行深入的思考。无论他们思考的结果最终是否有助于父母战胜困难、解决问题，他们在此过程中都会积极地调动思维、开动脑筋，从而提升自己的能力。

家长遇到事情与孩子共同商量，不仅可以实现两代人良好的沟通，还可以培养孩子处理问题和解决问题的能力。孩子处理问题、解决问题的能力强，那么他就能勇敢地面对任何困难与挫折。

了解孩子

6岁的孩子由幼儿转型为一年级学童，自我意识开始萌芽，角色意识逐渐形成。他们变得有主见，特别在意归属感。他们开始有自己的想法，开始挑战家长的“权威”，与家长的冲突也开始日益凸显。同时，他们也初步具备了解决问题的能力。

一、孩子的自主意识开始增强，角色意识逐渐形成

一年级孩子的自我意识有了进一步发展，开始出现自主的评价，渐渐对成人的评价持有批判态度。如果成人对他们的评价不客观、不正确，他们往往会质疑、申辩甚至表示反感。他们开始渴望独立，不希望家长插手自己的事，希望按照自己的意愿来进行，想用自己的努力证明自己能行，用自己的实际行动赢得父母尊重。他们常常对家长“抗旨不遵”，“我不要那样，我就要这样”。在家长看来，这个阶段的孩子顽固（说不通）、自负又蛮不讲理，实质上孩子是为了建立和增强自己的角色感、安全感，因为他们正处于一个很容易受到伤害的敏感期。

二、孩子初步具备了解决问题的能力

一年级的孩子通过参与各种活动以及与成人交往，初步具备了解决问题的能力，他们能初步评价自己的行为，能够按成人的要求逐步掌握社会的行为规范，了解事物发展的因果关系，初步判断对错，拥有了初步独立而主动的社会道德动机。他们这种自我意识行为，为独立解决问题准备了条件。

在他们内心深处，常常会响起这样的声音：

1. 我希望我的事情由我做主

妈妈事事替我做决定，我每天穿什么衣服、吃什么东西、学什么课程都是她来决定的。她说，因为她是我的妈妈，特别了解我，只要是她帮我做出的选择，就一定适合我。虽然我衣食无忧，但我过得并不开心，像个任人摆布的木偶一样。我希望妈妈能听听我的意见，我的事情让我自己做主。

2. 我想参与讨论家事

每次爸爸妈妈商量事情时，我也想参与，可妈妈总是说："小孩子懂什么？"一句话就把我打发了。他们从不听取我的意见，即使是装修我自己的房间也不问我的喜好。哼，一点儿也不尊重我。我开始怀疑爸爸妈妈是否爱我。我感觉我就是个多余的局外人。

3. 我想有自由的空间

家人的爱让我有种透不过气的感觉。爷爷奶奶、爸爸妈妈不是怕我摔着，就是怕我冻着，从来不让我下楼玩，我每天只能看着别的小朋友在楼下玩耍，既眼馋，又伤心。即使偶尔让我出去，他们也会一步不离地跟着我，我一点儿独立的空间都没有，害得我连个朋友都交不上，我真是特别苦恼。

实施指南

有调查发现，经常参与家庭事务管理的孩子性格开朗，关心别人，有较强的自信心、责任心与集体感；而那些从不参与家庭事务的孩子，在与他人相处时会以自我为中心，遇事习惯于依赖和等待。李玫瑾教授也指出：孩子三岁以后，家长该让孩子参与到家庭事务中来。孩子也是家庭的一分子，让孩子参与家庭的事务很重要，它会决定孩子最终成为一个什么样的人。她认为：让孩子参与家庭事务，不仅可以培养孩子的责任感，让孩子拥有归属感，而且还能锻炼孩子的思考能力和处理问题的能力。

那么，家长该如何让孩子参与家庭事务，营造平等和谐的家庭氛围呢？

◆ 策略一：让孩子承担家务劳动

家务劳动也是家庭事务之一，让孩子参与家庭事务要从承担家务劳动做起。家长要让孩子明白：每个家庭成员都有义务把家变得更美好，因而每个家庭成员都有义务承担家务劳动。具体给孩子安排什么家务劳动呢？我们可以遵循以下两个原则：

1. 重在参与原则

一年级孩子的肢体动作、思维方式等发展尚未成熟，不宜给他们承担过重的体力劳动，可以安排一些在家长指导下可以完成的简单劳动，如洗碗、扫地、浇花等。家长要树立这样的意识：让孩子参与家务劳动，劳动本身不是主要的，让孩子积极参与并在参与过程中培养家庭责任感、树立主人翁意识才是关键。

2. 贵在坚持原则

让孩子承担哪些力所能及的家务劳动，可以先跟孩子商量。商量好后就要让孩子坚持下去，切忌三天打鱼两天晒网，否则会让孩子生出不负责、不担当的毛病，那样就适得其反了。

家长可以参考以下的劳动清单：

妙妙的劳动清单

自身义务	家庭义务
进行垃圾分类	洗水果
上下学时自己背书包	饭前盛饭、摆碗筷
整理书包	饭后扫地或洗碗
收拾书柜	浇花
收拾自己的房间	倒垃圾

◆ 策略二：让孩子参加家庭会议

很多家长认为，孩子在参加家庭会议时会捣乱。其实家长只要给孩子立好规矩，让他们明白开会的时候要安静，不可以玩闹，在开家庭会议时，孩子不但不会玩闹，还会认真倾听大人谈论的问题，慢慢学会思考解决问题的方法。

家长可以循序渐进地引导孩子，让孩子从简单的会议举手表决开始，到发表自己的见解，逐步提高孩子的参与度。在讨论时，家长要尊重孩子的想法，可以有意识地征询孩子的意见，如“你有什么好的建议吗”“你认为可以怎么做”，让孩子在民主、平等的家庭会议中找到存在感。久而久之，孩子的责任意识和决策能力就会得到意想不到的提高。

◆ 策略三：让孩子参与亲子活动策划

定期开展亲子活动不仅有利于营造和谐家庭氛围，更有利于提升孩子综合素养，塑造孩子阳光个性。家长应尽可能地开展家庭亲子活动并让孩子全程参与，甚至可以让孩子以组织者的身份，按照自己的意愿完成活动整体设计，家长则退居配角的位置上，听从安排，做好相关配合。如可以带着孩子在周末举行一次这样的野餐活动：

欢乐家庭野餐活动安排表

活动前	和孩子商量野餐时间、野餐地点及打算邀请的好友家庭
	和孩子一起策划活动过程，列出所需物品清单
	和孩子商量野餐食谱，做好活动开支预算，然后一起到超市采购食材及相关用品
	和孩子一起准备、整理好活动所需的所有用品
活动中	孩子负责调好闹钟，提醒家长按时出发
	和孩子做好餐前、餐后分工，全员参与，各司其职，齐心协力
	孩子或大人组织亲子游戏，孩子控制好返程时间
活动后	和孩子一起收纳物品
	孩子负责清理场地垃圾，做好公共场所保洁

家长始终尊重孩子，孩子始终参与其中，这样的家庭亲子活动利于孩子成长，对于帮助孩子适应小学生活、适应人际交往都有较大益处。

总之，孩子是“家庭共同体”中的一员，有参与家庭生活的需要，也有参与家庭管理的责任和能力。家长有意识地鼓励孩子参与家庭事务，有助于建设幸福家庭，也有助于孩子培养解决问题的能力，成为真正的家庭小主人。

延伸拓展

1.《心理抚养》(作者：李玫瑾；出版单位：上海三联书店)

理由及建议：“心理抚养”是一种全新的育儿理念，父母亲自陪伴孩子比给孩子挣钱更有价值。爱孩子，并不是一味地顺从他，自孩子稍微懂事起，就要教他行为有规矩，明白可为和不可为的界限。

2.《家有家规》(作者：东子；出版单位：安徽人民出版社)

理由及建议：如何科学管教孩子，让孩子从小懂规矩、守规矩？这本书围绕“父母如何科学管教孩子”这个主题，讲述了父母合理管教孩子的重要性和方法，引导父母帮助孩子培养良好的生活习惯、积极向上的兴趣爱好和美好的人格。在书中，作者还指出了家长在管教孩子过程中容易陷入的几个误区，具有很大的指导意义。

3.《捕捉儿童敏感期》(作者：孙瑞雪；出版单位：中国妇女出版社)

理由及建议：这本书收录了200多个孩子敏感期的真实案例，全面深入地揭示儿童敏感期这一现象，并分析这些现象产生的原因，帮助家长了解儿童成长的规律，通过科学合理的解决办法，给予孩子科学的教育和关注，从而使孩子顺利度过敏感期，让孩子在爱和自由中健康成长。

评估改进

一、自我评估

亲爱的家长，您好！您家里的实际情况与下面列出的表现是否相符？若相符，则选“是”；若不相符，则选“否”。

	是	否
① 您已经和孩子一起商定出了具体的家规。	□	□
② 家庭中的成员都能明白家规的内容，并都在上面签了字。	□	□
③ 学了本专题内容，您家已经开始定期召开家庭会议。	□	□

	是	否
④ 您家里的家规能针对孩子的特点制定，针对性很强。	□	□
⑤ 您家制定的家规分别对孩子和长辈做出了不同的要求，保证家庭成员人人参与。	□	□
⑥ 对于祖辈的溺爱现象，您能及时与他们沟通，保证家庭成员对孩子的要求一致。	□	□
⑦ 您已经为孩子制定出了家庭的奖惩方法，并且互相监督执行。	□	□
⑧ 在执行家规的过程中，您能严格遵守家规进行奖惩，不会出现因心软而放任的情况。	□	□
⑨ 家规中要求孩子做的事情，您自己都能做到。	□	□
⑩ 家规面前人人平等，无论是谁违背了家规，都会受到惩罚。	□	□
⑪ 在引导孩子遵守家规的过程中，您已经制定出了积分表，通过量化的方式对孩子的表现进行客观评价。	□	□
⑫ 为了巩固好习惯的养成效果，您定期进行“积分兑换心愿”，让孩子的规则意识在量化奖惩的刺激下逐步提升。	□	□
⑬ 您和家人为孩子的教育制订了长远的行动和教育规划，丰富孩子童年的经历，培养多种兴趣爱好。	□	□
⑭ 为了孩子的成长，您和家人努力为孩子营造一个温馨友爱、尊老爱幼、书香浓郁的家庭氛围。	□	□
⑮ 作为父母，您能在学习上、生活上以及待人接物方面，做好孩子的行为榜样。	□	□
⑯ 您答应孩子的事情一定都会履行。	□	□
⑰ 您能平衡好工作和生活的时间，做到有效陪伴。	□	□
⑱ 您把孩子当作朋友，让他有权利参加家庭会议，并发表自己的看法。	□	□

	是	否
⑲在亲子活动中，您会邀请并鼓励孩子参与活动策划。	□	□
⑳您能够站在孩子的角度思考问题，尊重他的建议，并且及时了解孩子的心理动态，做好沟通，明白疏解问题比责罚更有效。	□	□

【评估参考】

①第1～4题：若您选择“是”较多，说明您是一位行动力特别强的家长，您和家人在教育孩子的过程中，家规执行得好，能较快地形成良好家风；反之，则说明您的教育理念需要不断地更新，要帮助孩子养成良好的习惯，从制定家规并遵守家规开始。

②第5～12题：若您选择“是”较多，说明您在执行家规方面堪称典范，您不仅能努力做好孩子的榜样，还能公平公正地执行家规，有利于孩子早日养成良好品行；反之，则说明您要在执行力度上狠下功夫。

③第13～16题：若您选择“是”较多，说明您已经深刻明白了环境育人的意义，是孩子的好榜样；反之，则说明您和家人需要反思一下日常教育中可能存在的问题，孩子的成长不仅要有规划，还要有行动。

④第17～20题：若您选择“是”较多，说明您是一位尊重孩子的家长，能依据家规及时引导孩子，在平等的氛围中培养孩子的自主能力；反之，则说明您需要思考和改变行动，做信任孩子的父母，学会倾听孩子的心声。

二、改进计划

亲爱的家长，您好！阅读本专题后，您应该对如何和孩子一起制定家规，如何和孩子一起遵守家规，如何引导孩子参与家庭事务有了更全面的认识。下面请您结合实际，写出自己的改进计划，并逐项完成。

第二专题 如何引导孩子管理好时间

大多数一年级的孩子时间意识淡薄，导致做事效率不高，喜欢拖拖拉拉。帮助孩子建立时间观念，使孩子懂得珍惜时间，提高孩子管理时间的能力，成为时间的真正主人，对孩子的成长可谓大有裨益。

家长如何教会孩子管理自己的时间呢？例如，可以和孩子一起制定作息表，督促孩子按照时间表上的计划执行。为了帮助孩子有效利用时间，家长还可以给予孩子的生活更大的自主空间，让孩子做力所能及的事，逐渐增强自己安排时间和生活的能力。此外，孩子的自觉性有限，为了督促孩子更好地珍惜时间，家长也应该引导孩子养成“今日之事今日毕”的好习惯，学会在正确的时间里做正确的事，专心完成每天的学习任务，提高学习效率，从而提升孩子的主动性。

总而言之，孩子在童年时期还很懵懂，父母要引导他们形成时间观念，主动把握现在，创造未来！

按时作息

——和孩子商定作息时间表

案例分析

东盛是一个“起床困难户”。每天早上，闹钟响了两三次，妈妈从喊到吼，音调一点点提高，怎么叫他都不起来，非要妈妈从被子里把他拉起来，他才肯起床。不光起床，穿衣服、吃饭、刷牙什么事都得催着做。经常不是匆忙漏掉要带的课本，就是上学迟到。

下午放学回到家，东盛都要边吃零食边看动画片，在爸爸妈妈一遍遍的催促下才开始吃晚饭。东盛吃饭也不专心：还没吃几口，就跑去上厕所；吃一会儿又要倒杯水喝，总是要妈妈催：“快点吃，饭菜都凉了！”“快点吃，等下又没时间学习了！”一顿饭吃下来，往往要花一个小时。然后东盛又在妈妈的催促下洗澡，整理第二天的学习用品，勉强看一会儿书，通常晚上10时以后才能入睡。周而复始，东盛养成了晚睡晚起的不良习惯。

孩子爱磨蹭，做事拖拉，无法克制自己，没有时间观念，这种情况出现的原因可能有以下几个方面。

1. 家长没有给予孩子管理时间的机会

很多家长总是喜欢代替孩子管理本属于孩子自己的时间，家长总是告诉孩子什么时候该玩，什么时候该学习，什么时候该吃饭，什么时候可以外出。孩子的行动完全在家长的支配下，孩子的时间不属于他自己，而是被家长限制。这样，孩子就没有管理自己时间的机会，自然也就不会有管理时间的能力。日复一日，逐渐把孩子培养成“不催就不动”的孩子。一旦离开了大人的催促和监督，孩子就很难自觉按时行动。

2. 家长忽视了孩子的习惯养成

家长没有注意从小培养孩子主动遵守时间的习惯，缺少规则意识的培养，导致孩子应有的自我管理能力和自我控制能力缺失，更没有自律意识可言。比如，不能按时上床睡觉和起床、每顿饭的就餐时间不固定等，导致孩子无法很好地体会和感受时间的长度；孩子没有机会学习和锻炼如何分配自己的时间、如何制订一项计划，因而也就不能把自己的生活和学习安排得井井有条。如果不懂得合理分配自己的时间，做任何事情的随意性就很大，想干什么就干什么。这样一来，就难以产生紧迫感，时间往往就在弹指一挥间悄然流逝。

3. 家长错误的引导方式

有些家长急于让孩子按时完成任务，不停地催促孩子。然而，催促多了不但不能让孩子加快速度，还可能让孩子产生负面情绪，容易让孩子产生两种心理：一是依赖心理，认为所有的时间和事情跟自己没有太大关系；二是逆反心理，孩子会故意用拖拉、磨蹭的行为对抗家长的催促，逐渐形成拖拉、磨蹭的习惯。

4. 家长的负面影响

对于孩子来说，家长是孩子的第一任老师，孩子的行为习惯容易受到家长的影响。如果家长形成了做事磨蹭、拖沓懒散的习惯，孩子从小就耳濡目染，也就容易养成相应的不良习惯。比如，如果家长比较喜欢熬夜，作息不规律，孩子就很难养成早睡早起的习惯；如果家长喜欢在吃饭的时候看手机或者边看电视边吃饭，孩子吃饭的时间就会拖得比较久；如果家长习惯性不守时，跟孩子讲好的时间随意改变，那么孩子就很难形成正确的时间观念。

所以，家长在解决孩子磨蹭、不能按时作息等问题的时候，首先要解决自身的习惯问题。如果家长自身没有起到一个好榜样的作用，即使掌握再多正确的时间管理方法和育儿技巧，也很难真正帮助孩子养成管理时间的好习惯。

了解孩子

家长要了解孩子成长的特点和心理特征，只有这样，才能从根本上解决孩子遇到的问题，才能更好地引导孩子合理安排自己的时间。

一、孩子还不能准确感知时间

一年级的孩子年龄比较小，感知时间的感官系统没有完全形成，对时间的感觉是不足的，还不太会把时间跟实际生活联系起来。1分钟有多长，1小时有多久，孩子是不能理解的。孩子喜欢磨蹭，做事慢吞吞的一个重要原因就是缺少对时间的准确感知，总感觉时间很多。在缺乏时间紧迫感的情况下，孩子就不容易集中自己的注意力去完成一件具有紧迫性的任务，时间就在不知不觉中溜走了。

二、孩子有完美主义情结

每个孩子在成长过程中，都会度过一段“完美主义敏感期”。有的孩子喜欢追求完美，非要把一件事做到尽善尽美才开始做下一件事，这样就会耽误很多重要的事情，也会浪费很多时间。例如，追求完美的孩子总是想要像老师说的那样把字写得非常好，所以，在写作业的过程中总是写写擦擦。其他小朋友都已经写完一篇作业了，他还没有写好一半，甚至才写了几行字，时间总是不够用。

三、不同性格的孩子拖拉磨蹭的内在原因

有的孩子天生性子慢，无论做什么事都比别的孩子慢半拍，即使在外界的督促、刺激下仍然行动缓慢，完全紧张不起来。这是孩子一生都不太可能改变的先天气质，家长首先要调整期待心理，学会接纳孩子，然后再想办法慢慢改变。

有的孩子胆子小，看见生人就害怕。这类孩子总是希望与自己的亲人，尤其是爸爸妈妈多待一些时间，为了达到这个目的，孩子也会慢吞

否的。比如，有的孩子不愿与学校的老师和同学相处，而希望和爸爸妈妈更多地待在一起，在上学的路上，他的动作就会变得特别慢，以此来延长与爸爸妈妈在一起的时间。

有的孩子做事缺乏自信心，总担心自己做不好，怕自己出错，所以做起事情来也是瞻前顾后、畏畏缩缩的，速度自然就快不了。然而越是担心、越是害怕，孩子的动作也就越慢。如果大人这时候再在一旁不断地责备、催促，孩子的自信心又会受到影响，他的动作不仅快不起来，反而会更慢了。

四、孩子的注意力容易分散

一年级孩子的注意力稳定性差，容易被周围事物、环境影响，旁边有什么好玩的东西就会让他忘了手头的“工作”。比如，写作业时，听到窗外的嬉笑声，孩子就会放下笔去看看；早上起来，本来要去刷牙，可走到浴室发现有一池子水，孩子就开始玩起来；画画的时候，听到电视机的声音，孩子就会放下画笔去看看电视在演什么节目。

一年级的孩子虽然年纪小，缺乏时间管理的能力，但也有自己的想法，让我们来听听孩子的心声吧：

1. 爸爸也晚起晚睡

早上6点，闹钟响了，可我却不想起床，反正还早，肯定不会迟到。再说了，大冬天的，谁不想赖床啊？爸爸也总是很晚才睡觉，很晚才起床呢。我睡着睡着，突然听到妈妈吼：“小宇，你怎么还不起床？”又一次打断了我的美梦，我拿出小闹钟一看，天啊，都7点30分了！我立马下床换衣服吃早餐，可到学校时已经8点30分了，又迟到了。

2. 我磨蹭是为了避免妈妈安排更多的学习任务

“蕾蕾，现在还有时间，再写一份语文试卷吧。”“蕾蕾，明天要上新课了，做一份练习巩固一下刚学完的知识吧。”妈妈那里是试卷宝库，有永远写不完的试卷集。每天放学，老师如果没有布置家庭作业，妈妈就给我布置一大堆。刚开始我总是能很快完成，因为我想腾出时间来做自己喜欢的事：画画呀，看课外书呀，给芭比娃娃打扮呀，喂小兔宝宝呀。可是，就算我提前完成学习任务，妈妈也不让我玩，我还不如慢慢写，边写边玩，一直写到睡觉时间，妈妈就不能再给我多加作业了。

3. 我希望能管理自己的时间

爸爸说我是很多家长眼中的“别人家的孩子”：我3岁就能背唐诗，5岁能口算20以内的加减法；6岁时，我参加“希望杯”少儿书画大赛，荣获国家级银奖；今年假期，我考得了钢琴三级证书，参加“金话筒”小小主持人大赛，进入了总决赛。在学校，我是老师的得力小助手；在家，我是爸爸妈妈的乖女儿。爸爸为我量身定做了一张学习计划表：从早上6点30分起床开始，到晚上10点睡觉；从星期一到星期日，安排得满满当当。唉，“别人家的孩子”也有烦恼，我是多么羡慕那些有时间玩，可以自己支配周末时间的同学呀。

实施指南

时间匆匆，一去不复返。引导孩子从小养成珍惜时间、合理安排时间的好习惯，让孩子做时间的主人。

◆ 策略一：让孩子意识到时间是自己的

要培养孩子的时间管理能力，首先要让孩子意识到“时间是自己的”，“管理时间是自己的事”，同时还要让孩子自己承担没有管理好时间的后果。家长可以根据下表引导孩子制订一天的计划，规定好什么时候学习、什么时候休息，而且，要督促孩子马上执行。

我的快乐星期日

时间	计划	备注
早上 8：00—8：20	起床、穿衣、洗漱	

◆ 策略二：让孩子体会和感受时间

随着孩子的逐渐成长，孩子的认知和理解能力也会不断提高，这就需要我们在日常生活中引导孩子自己去体会和感受时间，慢慢增强孩子对时间的感知。这也是训练孩子管理好时间的首要任务。

1. 让孩子熟悉时间的基本概念

让孩子熟悉时间的基本概念：清晨、上午、下午、傍晚、凌晨，天、周、月，四季、年……教孩子根据太阳的位置、月亮和星星的出现、早中晚吃饭等推测时间的变化。给孩子讲四季的天气变化，需要穿什么样的衣服，可以做哪些游戏活动等，让他去想象。

2. 用时钟训练孩子对时间的直观感受

对于一年级的孩子来说，时钟才是体会和感受时间的最好工具，因为它很直观，既有比较大的体积，也有随时可以看见的时针、分针和秒针，有的时钟还会发出“嘀嗒嘀嗒”的响声。家长可以对照时钟，跟孩子玩计时游戏，和孩子一起看1分钟有多长，1分钟能做什么事。

1 分钟做的事情

事件	时间	完成情况
跳小绳	1 分钟	孩子完成______下，家长完成______下
数数	1 分钟	孩子完成______个，家长完成______个
读拼音	1 分钟	孩子完成______个，家长完成______个
写汉字	1 分钟	孩子完成______个，家长完成______个
做 20 以内的口算题	1 分钟	孩子完成______题，家长完成______题
洗碗	1 分钟	孩子完成______个，家长完成______个
走路	1 分钟	孩子完成______步，家长完成______步
鼓掌	1 分钟	孩子完成______下，家长完成______下

3. 把时间跟生活相联系，让孩子增强对时间的感觉

家长还可以引导孩子把时间以及生活事件相联系，增强孩子对时间的感觉。当一年级的孩子学习了《认识钟表》(会认读整时)时，家长可以经常在相应的作息时间告诉孩子“马上就是9时了，你该睡觉啦”，“现在是7时30分，你该上学去了”。还可以告诉孩子所做的事情需要花费多少时间，让孩子体会时间的长短和变化。比如，早上起床和穿衣服需

要5分钟，吃饭需要20分钟，外出玩了2个小时等。又如，家长在跟孩子一起做游戏或玩耍的时候，可以一次约定一个时间段，从什么时间开始，玩到什么时间结束。这样可以让他们逐步认识到1分钟可以做些什么事情，10分钟可以做些什么事情，1个小时可以做些什么事情。

◆ 策略三：让孩子学会合理分配时间

能高效利用时间的人，大都具有一个共同之处，就是会合理地分配自己的时间。当时间得到合理分配的时候，孩子就能在划定好的时间范围内聚精会神地去做该做的事情，比如该吃饭时就吃饭，该写作业时就写作业，该玩时就玩，该睡觉时就睡觉等。

1. 培养良好的生活节律

家长可以在孩子的日常生活中，通过睡觉、吃饭、游戏等各种活动，利用孩子的生物钟节奏，培养良好的生活节律。多跟孩子讲“现在是某某的时间”，如“现在是读绘本的时间”“现在是去上学的时间”“现在是吃晚饭的时间”等，生活、学习都按照有规律性的钟点进行并持之以恒，逐渐培养一种守时惜时的习惯，那么时间意识、时间观念的培养就是水到渠成的事情了。

2. 和孩子一起制订作息时间表

家长可以结合孩子的实际情况，在充分尊重和考虑孩子休息娱乐的基础上，和孩子一起制订出一份合理的作息时间表，适时提醒孩子遵守。时间一长，可以培养起孩子对时间的一种无声的遵从，使其树立起一种“守时”的意识，从而养成惜时的习惯。

例如，一个孩子的星期一到星期五的作息时间可以这么安排：

作息时间安排表

时间	内容
6：40	起床、洗漱
7：00	吃早餐
7：20	出门上学
8：00—8：20	在教室内静静地看课外书，或小声朗读语文课文，或温习数学关键知识点
8：20—11：30	按学校课表上课学习
12：20—12：40	吃午餐
12：40—13：00	看课外书
13：00—14：00	午休
14：30—16：30	按学校课表上课学习
16：30—18：00	进行体育活动
18：30—19：30	看电视，吃饭，洗澡
19：30—21：00	按时按质完成教师布置的学习任务后，看课外书或练习写字
21：00—21：30	上床睡觉

3. 引导孩子按照事情的轻重缓急来着手处理

家长可以教孩子按事情的重要性和紧急性来确定处理的先后顺序，先集中时间做重要的事情，剩余的时间再处理不那么重要的事，这样按照事情的轻重缓急安排好之后，再进行全面的时间管理，就不会出现忙乱的状况了。

对于学龄儿童而言，学习始终是最重要的事情，所以在没有完成作业的情况下就不能玩耍，在没有掌握已经学习过的知识时就只能放弃休息、多练习。在学习中，如果能善于区分轻重缓急，善于分辨情况进行时间分配，就能节约时间，提高学习效率。

◆ 策略四：采用限时法，帮助孩子集中注意力

限时法是一种可以帮助孩子增强时间观念、快速集中注意力的好方法。在日常生活中，很多事情其实都是可以给孩子设立时间限制的。比如，出去玩的时候，家长可以事先跟孩子商量一次玩多长时间就要回家，到点就按照约定执行；吃饭的时候，可以约定一顿饭可以吃多久，到时间就收走所有饭菜。完成每天的作业和其他任务，同样可以根据情况跟孩子约定一个完成时限。

例如，可以与孩子商量完成以下时间限定表：

事件	规定时间	完成情况
穿衣，洗脸，刷牙	8 ～ 10 分钟	
看动画片	30 分钟	
吃饭	10 ～ 15 分钟	
完成数学作业	15 ～ 20 分钟	
完成语文作业	20 ～ 30 分钟	
收拾好自己的玩具	5 ～ 10 分钟	
整理好自己的书包	2 ～ 3 分钟	
在游乐场玩一次	40 ～ 60 分钟	

让孩子养成管理好自己的时间、珍惜时间的好习惯，不是一天两天就可以做到的，需要家长们参考以上四个策略，持之以恒地做下去。这样孩子就会有所进步，有所收获，慢慢成为时间的主人，把握自己的人生。

自我生活
——自己的事情自己做

案例分析

晚婷在学校是个懂事、可爱的孩子，在家却是个傲娇的“小公主”。放学后，爷爷帮她背书包，她则到处乱跑；回到家里，奶奶帮她解鞋带，给她穿拖鞋；写作业时铅笔断了，她大喊一声，爷爷就会帮她削好；觉得口渴了，她大声喊：“奶奶，我要吃水果！”听到喊声，奶奶就会立即准备水果。

有一次，爷爷生病了，全家人忙着照顾爷爷，晚婷只能自己独立起床、收拾书包。没有了家长的细心照顾，晚婷有好几次因为磨蹭导致上学迟到，还经常忘带书本、文具盒。当妈妈想责怪晚婷时，晚婷却反驳道：“谁让爷爷生病了，这以前不都是爷爷奶奶的事情吗？你还怪我。”

自我生活能力，简单地说就是自理能力，自己照顾自己，这是一个人应该具备的最基本的生活技能。孩子生活自理能力的形成，有助于培养孩子的责任感、自信心以及自己处理问题的能力，对孩子今后的生活也会产生深远的影响。但现在大部分的一年级孩子，依赖性强，生活自理能力差，以至于不能很好地适应新的环境，所以，培养孩子的生活自理能力至关重要。

导致孩子自理能力差的原因主要有以下几点：

1. 家长的溺爱包办

有些父母由于工作忙，教育任务全依赖孩子的爷爷奶奶、外公外婆。而祖辈对于自己的孙子孙女都是十分疼爱的，他们对于孩子往往百依百顺，什么事情都不要孩子自己动手，因此，这些孩子往往像案例中的晚婷，过着一种衣来伸手饭来张口的生活。“隔代亲”可能会阻碍孩子正常的心理发育，延长“童稚心理”时期。孩子会认为家长为他所做的一切都是理所应当的，形成依赖心理，导致这些孩子自理能力差。到家长认为孩子长大了，该学会自己的事自己做了，孩子却认为那是额外负担，容易产生抵触情绪。

2. 家长怕麻烦

有的家长怕麻烦，嫌孩子做得不好，怕孩子添乱、费时，代替孩子做他们应该做的事。如家长看到孩子系鞋带有困难时，因为担心孩子浪费时间，所以没有帮助和引导孩子学会正确系鞋带的方法，而是直接代替孩子帮他系好；孩子想洗自己的袜子，家长却加以制止，担心孩子洗得不干净，弄湿衣服、弄脏地板，只会“越帮越忙”。家长不知道自己省了麻烦，却剥夺了孩子学习锻炼的机会，使孩子形成依赖心理，错过了在家中对孩子进行自理能力培养的良好时机。

3. 家长不恰当的引导方式

孩子刚学习自理的时候，做事时难免会出现一些小失误，有的家长没有积极地给予帮助、引导、鼓励，而往往采取的是一种怪罪、批评的态度。孩子的兴趣被打消了，今后就有可能不愿意再做这样的事情，自理能力也就不能得到更好的发展。

成长是一件循序渐进的事，当孩子还没有掌握做事的正确的程序和方法，无法达到家长预期的目标时，家长不应该指责孩子，更不能惩罚孩子，应先鼓励孩子做得对的地方，对于孩子失误的地方，应帮他们分析原因，找到问题所在，以提高孩子动手操作的能力。这样不仅可以锻炼孩子的自理能力，而且可以增强孩子的自信心。

了解孩子

家长只有读懂孩子的心理密码，了解孩子的成长特性，才能走进他们的内心，帮助他们更好地成长。

一、孩子缺乏责任意识

一年级的孩子缺乏“自己的事自己做”的责任意识。在很多孩子的心目中，自己的事情没有做好是因为父母没有帮忙准备好，他们不会从自己身上找原因，只会单纯地把责任往父母身上推，就像案例中的晚婷一样。而一旦孩子习惯于此，就更不会想着这是自己的错误，需要自己去改变了。

二、孩子缺乏独立空间

现在的孩子虽然生活条件很好，但独立空间并不多。孩子即便有自己的小房间，父母也经常会“闯入”，干扰孩子独自玩耍。有些家长认为，父母应该时刻陪伴孩子，避免让孩子一个人独处或独自做其他事。孩子没有足够的独立空间，缺乏独立完成一些事情的练习机会，久而久之，独立意识就会缺失。

三、孩子有独立自主的愿望

孩子天生具有独立自主的愿望，当他们能够掌控的事情越多，他们的安全感和自我驱动力就越强，也就越能主动地参与到探索和实践中去。事实上，让孩子学习使用洗衣机、吸尘器、电饭煲等家用电器，尝试学习烹饪，如做简单的早餐等，会使孩子更加自信、自强。

四、提高动手能力可以促进大脑发育

科学研究证明：手指的活动与精细的动作可以刺激大脑皮层的运动

中枢，同时运动中枢又能调节手指的活动，运动中枢和手指反复地互相作用能促进大脑的发育及其功能的完善。在孩子成长的过程中，培养孩子的动手能力，可以让他获得自理能力、学习能力，还能促进大脑发育，加强他的专注力、思考力，因此属于儿童教育中非常重要的一环。

对于“自己的事情自己做”，我们的孩子又有些什么想法呢？我们不妨来听听孩子的心声：

1. 我希望妈妈能给我动手的机会

我想和妈妈一起做我爱吃的西红柿炒蛋。我挑了个又大又红的西红柿，刚清洗干净，妈妈就说：“我来把西红柿切成小块吧，你笨手笨脚的，怕你切到自己的手。”我只能站在旁边看着妈妈熟练地切西红柿。西红柿切好了，我兴冲冲地要打鸡蛋，妈妈又抢过鸡蛋，说：“还是我来吧，你看着就行了。”就这样，妈妈不一会儿就把所有事做完了，我始终插不上手，只能傻傻站在一旁。唉，我多想亲手做一盘西红柿炒蛋呀。

2. 我自己的事情我能自己做

平时上学放学都是爷爷奶奶接送我。奶奶总是帮我把鸡蛋剥好，把牛奶插好吸管递到我手上，帮我系好鞋带，还要帮我拿书包。其实，书包并不重的，奶奶，我能行。我自己的事情就让我自己做吧。

实施指南

◆ 策略一：不娇惯孩子，要求孩子“自己的事情自己做”

一年级的孩子已经可以独立完成很多事情，家长要提醒孩子牢记“自己的事情自己做”，不能因为怜爱孩子而包办代替。如果孩子做某件事确有困难，那么家长也只能为孩子提供一些必要的解决问题的方法和技巧，而不能替他做。家长还可以跟孩子订立“合同”，在“合同”中写明希望孩子做的事情，督促他主动、独立完成。如果孩子严格执行“合同”，家长要给予适当的奖励。通过坚持不懈的训练，使孩子牢固地树立“自己的事情自己做”的意识，形成较强的办事能力。

甲方：李京（爸爸妈妈）

乙方：李玉（女儿）

“自己的事情自己做”，是孩子自立的标志，而自立的孩子老师最喜欢，爸爸妈妈最放心。乙方也很愿意成为一个自立的孩子，因此，同意跟甲方签订以下协议，并保证按照协议规定去做：

1. 乙方晚上需要自己单独睡觉。刚开始乙方可能会觉得有点害怕，所以甲方应给乙方讲故事，陪乙方入睡。

2. 在甲方的耐心指导下，乙方需要学习穿衣、脱衣、洗手、洗脸、洗脚、刷牙，学会后将独立完成以上的事情。

3. 玩具、学习用品用完后，乙方要自己整理好。

4. 乙方的床铺和日常用品要自己整理好，自己的房间自己打扫，不让甲方代劳。

5. 乙方努力学习洗自己的毛巾、袜子等。

6. 乙方愿意尝试在没有甲方陪同的情况下，单独去附近的商店买东西。

7. 在甲方做家务时，乙方愿意帮忙。

8. 在遇到麻烦和问题时，乙方愿意自己先动脑筋想一想该怎么办，能自己解决的尽量自己解决，实在解决不了的再去找甲方帮忙。

9. 与甲方外出时，乙方需要的、可能用到的东西要自己准备，自己准备不了的物品再请甲方帮忙准备。

10. 每到周末的时候，甲方和乙方共同检查乙方这一周的表现，如果乙方比上一周有了进步，甲方应该给予一定的奖励。

11. 本合同自甲乙双方签字后生效执行。

甲方（签字）：　　　　日期：

乙方（签字）：　　　　日期：

◆ 策略二：训练孩子的自理能力，让孩子慢慢养成勤于动手的好习惯

训练孩子自理，不单是孩子的成长迈入独立自主阶段必经的过程，还是培养孩子建立自信的过程。孩子的自理能力越强，自信就会越足，就会有足够的信心去克服成长过程中的种种困难。

1. 帮助孩子养成每日整理书包的习惯

在一年级的第一个学期，家长要在每天晚上选一个合适的时间，如在孩子做完功课之后或者睡觉之前，和孩子一起整理书包，检查第二天要带的各种上学用品。刚开始的时候，家长可以给孩子示范如何整理书包；接下来的一段时间，家长给孩子做帮手，从侧面进行纠正；最后，放手让孩子独立承担整理书包这项任务，家长不定时检查孩子自行整理的情况。让孩子自己整理书包，有助于培养孩子思维的条理性和独立性，也有助于孩子学会珍惜和管理自己的物品。

整理书包分为以下三个步骤：

①合理使用书包的各个夹层，把课本、水壶、抹布等物品放在固定的位置。

②对照第二天的课程表，一一准备好课本、作业，分别放在什么地方，自己要心中有数，第二天上课时不至于手忙脚乱找不着。

③收拾好书包，把拉链拉好，将书包放在固定的位置，第二天一早拎上就走。

2. 和孩子一起整理书柜

周末，家长可以带着孩子从整理书柜做起，教孩子学会收纳：引导孩子把各种书籍按尺寸、厚度、使用频率、用途等来分类，将收拾整理的观念融入生活的每一个细节之中，慢慢培养孩子自觉主动做整理工作的意识。

星期天，妈妈带着小宇来到书房："小宇，过来，我们一起整理一下书柜吧。"只见书摆得乱七八糟，横的横，竖的竖，斜的斜。妈妈先把高低不齐乱堆在一起的书拿出来，教小宇进行分类。分好类后，小宇负责摆放最下面两层，妈妈负责摆放上面三层。经过一个多小时的努力，终于把书柜整理好了。书柜看上去整整齐齐的，舒服极了。小宇高兴地说："和妈妈一起整理书柜，是一件开心的事。下次，我要自己整理书柜。"

3. 让孩子自己收拾行李

出门旅行前，家长可以放手让孩子自己收拾行李，进一步培养孩子的收纳整理能力。家长首先要告诉孩子旅行的目的地、大概的行程、目的地的天气等基本情况，然后，教孩子收拾行李的步骤，鼓励孩子自己动手，家长在旁观察即可。

收拾行李有以下几个步骤：

①列出自己需要携带的物品的清单，比如衣服、裤子、袜子、洗漱用品、鞋子、绘本或故事书等。

②把这些需要携带的物品分门别类地整理好，摆放在床上或地板上。

③打开自己的行李箱，先把比较重而且抗压的物品放到行李箱底部，比如书、拖鞋等；再把衣服等较为轻便的物品放在中层，最好将衣服装在衣袋或塑料袋里面；最上面一层放一些小东西或不能抗压的物品，比如洗漱用品、平板电脑等。

收拾完行李后，家长多给孩子一些鼓励和肯定，如果是孩子第一次收拾自己的行李，还可以跟孩子一起回顾整个过程，让孩子今后学会独自收拾自己的行李箱。

◆ 策略三：巧用代币管制法，激发孩子做家务的兴趣

行为学认为，每当孩子出现适宜行为，教育者若能及时给予肯定或奖励，他发生这种行为的概率就会增大。但是，如果孩子的每一次、每一个好行为都得到奖励的话，教育者就会应接不暇。于是，行为学就采用筹码制度来解决这个难题。即孩子每一次好行为都可以得到一枚“代币”，当“代币”积累到一定数目就可以换取某种奖励，这就是代币法。

拿好行为“购买”奖励，有利于刺激孩子保持良好行为的积极性，使良好行为的持续出现成为可能，最终促使良好行为习惯的养成。为了更好地提高孩子的生活自理能力，家长可以通过代币法引导孩子做一些力所能及的家务，学会必要的技能。

①与孩子一起罗列出孩子可以做的家务，比如煮饭、洗碗、扫地、倒垃圾等。

②确定“代币”的表示方法，如画“小红旗”，或者记“红五星”。

③确定行为达到时可以得到的“代币”数量，比如扫地一次，奖励一面小红旗；煮饭一次，奖励一面小红旗……

④结合孩子的兴趣与愿望，确定“代币”与奖励的兑换标准。比如，孩子积累50面小红旗，可以买一本喜欢的书；积累100面小红旗，可以和家长外出就餐一次……切记奖励不要直接与钱挂钩，物质奖励不要太过昂贵。

⑤确定“代币”兑换的时间。比如，每周五的晚上小结一次，每三个月兑换一次。

自己的事情自己做，让自理成为一种习惯，不是一天两天就可以养成的，需要家长和孩子的共同努力。孩子要学会主动，做些力所能及的家务活，家长要学会放手，相信孩子，给予孩子更多锻炼的机会，让孩子更好地去体验“自己的事情自己做”的乐趣。

专注学习

——主动学习，专心致志

案例分析

公园的小河边，小刚正兴致勃勃地看河里的鱼儿。爸爸在一旁不停地催他："快走吧，咱们还要去儿童乐园呢。"小刚不为所动："鱼在吃东西呢，它们会冒泡泡哦。"过了几分钟，爸爸又催他："快走吧，有什么好看的，抓紧时间，还要赶回家吃午饭呢。"小刚仍然兴奋地指着河面对爸爸说："您看，这片叶子漂得慢，那片叶子却漂得快，这是为什么呢……"

晚饭后，小刚走进书房，从书包拿出语文书，开始读最近学的拼音。刚读到一半，妈妈推门进来了："宝贝，学习累不累？吃点水果吧。"小刚只好停下朗读吃水果。不一会儿，奶奶又来了："小刚，趁热把这杯牛奶喝了吧，对身体好。"小刚正为一个韵母的发音冥思苦想，没理会奶奶，奶奶却不依不饶："宝贝，实在想不出来就算了，明天再去学校问老师吧，身体要紧。"小刚又只能停下思考喝起了牛奶。没过多久，妈妈开始催促了："动作快点啦，等下还要弹钢琴呢。"

有人曾对一年级孩子的家长做过调查：从幼儿园进入小学，孩子最难适应的是什么？70%的家长表示：孩子最难适应和最难做到的是在一定时间内自觉、专注地学习。这也是大多数家长在家庭教育中遇到的最大困惑。的确，良好的专注力是孩子顺利适应小学生活的关键，更是一年级孩子的家长必须重视的问题。那么，孩子学习专注力差的主要根源是什么呢？

>> 1. 家长不经意的干扰

案例中的场景，可能在很多家庭中都出现过。家长很容易用价值去衡量孩子做的事情，孩子认为非常有意义的、令他着迷的事情，都可能会被家长认为没什么价值，家长往往会为了赶时间扼杀孩子蓬勃的好奇心；很多家长看到孩子专注于学习会很欣慰，就想去表示一下关心，让孩子喝杯水啊，吃点水果啊，这反而是在破坏孩子的专注力；还有些家长会在孩子专注做事的过程中，忍不住指正孩子，这同样是在干扰孩子。

所以，孩子做自己的事情时，家长只需要在旁边陪着他，保护他的安全就好了，不要过多地打扰他。当孩子专注于做他的手工制作或观察小动物而忘记了吃饭时，家长不要干扰孩子，要耐心地等他把工作完成。要知道，持久的专注力不是被培养出来的，而是被保护出来的。孩子沉浸于他的兴趣的同时，就是在无意中培养自己的专注力。

2. 允许孩子有过长的待在屏幕前的时间

孩子都爱看电视，只要是看电视，安静和专注的时间可以长达1小时。所以很多家长在忙的时候，不希望被孩子打扰，总是打开电视机或者塞给孩子一部手机，来换取安静的时间。然而电视机的节目或手机上的游戏画面切换得非常快，孩子在看的时候根本不需要去深入理解，不需要大脑思考，所以这个“专注”不仅只是一个假象，而且会影响孩子在日常生活中的专注力，不利于孩子养成思考问题的习惯，会给今后造成学习障碍。

3. 家长不当行为的负面影响

有的家长下了班就看电视、玩手机、打扑克、打麻将，与家长一对比，孩子就会感觉到读书学习是最苦的差事了，主动学习、专注学习又从何谈起？还有的家长有这样的不当行为：边吃饭边看电视、边看书边玩手机、边开车边打电话……家长的这些不当行为，传递给孩子的信息是：做事情可以三心二意，一心两用。这些行为只会给孩子树立不好的榜样，那如何能说服孩子专心做作业或做其他事呢？

了解孩子

孩子学习时注意力不集中，没有养成自觉学习的习惯，跟家长的教养方式密切相关，也跟孩子的年龄特点及自身原因有关。

一、孩子感觉统合失调

孩子做事情没有耐性、爱哭闹、情绪不稳定、不合群、动作不协调，上学后出现学习困难，表现出一些异常行为，这些问题可能是因为孩子感觉统合失调造成的注意力的缺陷。

感觉统合失调是指外部的感觉刺激信号无法在儿童的大脑神经系统进行有效的组合，从而使机体不能和谐地运作，久而久之形成各种障碍。感觉统合失调对孩子的健康没有影响，但会降低学习能力，需要通过训练来加以矫正。

很多孩子都存在着不同程度的感觉统合失调，其中既有先天的因素，也有后天环境、教养方式的影响。比如剖宫产的孩子，因为没有经受产道的挤压，就容易出现这个问题；现在的孩子，尤其是居住在城市的孩子，常常被封闭在高楼大厦中，整日与电脑、电视为伴，很少有接触大自然的机会，因此更容易出现感觉统合失调；有的家长过于宠爱孩子，怕孩子磕着碰着，几乎所有的事都代劳了，让孩子失去了自我锻炼的机会。

二、孩子的注意力容易受多种因素的干扰和影响

孩子的好奇心非常强，兴趣多变，并且正处于生理和心理的快速发育期，年龄越小的孩子注意力持续时间越短。正常情况下，3岁孩子的注意力持续时间可以达到5分钟，5岁孩子的注意力持续时间可以达到15分钟，7岁孩子的注意力持续时间可以达到20分钟，10岁孩子的注意力持续时间可以达到30分钟。此外，外部世界刺激的强度、内容，孩子的性格特点、情感需求等方面因素也会影响孩子学习注意力的稳定

性。例如：好玩的、吸引兴趣的事物使孩子分心；电视让孩子看不够，手机令他们爱不释手；小朋友召唤出去玩，立即撇下书本就跑；学习困难总是克服不了，容易产生逃避心理，等等。

三、孩子对学习的重要性认识不够

在幼儿园阶段，孩子的“学习”主要来自游戏，更多的时间都在玩，对小学的“学习”没有任何概念。到了一年级，如果家长没有对孩子进行适当的学习引导，孩子仍然不知道什么是学习，不清楚学习的重要性，也就对学习提不起兴趣了。

孩子有些什么烦恼呢？让我们一起来听听孩子的心声吧！

1. 我想有个小书房

下午放学后，我有时在爸爸的杂货店里看课外书，人来人往，杂音不断，我总是不能静下心来认真看书；有时在家里读口算卡，4岁的弟弟不是来扯我的口算卡，就是打开电视机看动画片。晚饭后，妈妈一边追剧，一边催我快点去学习。我常常被电视剧的剧情吸引，情不自禁地偷偷瞄两眼电视，我的思考也时不时被妈妈的笑声打断。我真羡慕我们班的何东雨，有自己的小书房，还有自己的大书桌。学习时，门一关，安安静静，不被任何人打扰。

2. 我真希望能快点长大

我天天盼着长大，长大了就可以不用天天上学，不用天天学习了。你看，爸爸白天上班，晚上回到家，可以自由地玩手机、打游戏；妈妈白天洗衣做饭，晚上就可以抱着手机追剧，有时还可以打麻将或者去逛商场。为什么大人不用学习，可以自由自在地玩，小孩却必须学习呢？

3. 我不是笨小孩

每次我练习口算，妈妈都会在旁边监督我，只要发现我算得不对，就会马上训斥道："这么简单的计算你都可以错，真是笨死了。"我马上改了过来，但是我太紧张了，不一会儿又算错了，妈妈又大声训斥我。妈妈，我不是笨小孩，你一大声说话，我本来是会的，就一下子蒙了，忘记了。

作为家长，我们需要陪伴孩子学习，陪伴孩子成长，多听听孩子的声音，多了解孩子的需求，多鼓励少指责，多陪伴少应酬，多学习少玩乐。与孩子共同成长，走好人生的每一步。

实施指南

让孩子养成主动学习、专注学习的好习惯，不是一朝一夕的事，这需要家长用对教育方法，循序渐进地进行。以下这些比较切实可行的方法，家长们不妨试一试。

◆ 策略一：规定学习时间，鼓励孩子独立学习

很多家长陪着孩子学习时，总会情不自禁地敦促孩子不要这样做，而要那样做。这些时断时续的语言刺激，会分散孩子的注意力，同时也会让孩子对家长产生强烈的依赖性，不利于孩子养成独立思考、独立学习的好习惯。与其天天看着孩子学习，劳神劳力，不如放手让孩子自己独立去学习，培养孩子的学习责任感。

此外，家长在敦促孩子学习的时候，应该注重方法，与其勉强孩子长时间学习，引发孩子的厌学情绪，还不如让他们在某段时间里集中精力学习，这样孩子会慢慢培养起对学习的兴趣，渐渐就会养成“该学就学，该玩就玩”的习惯了。

从吟鹤上学开始，妈妈就坚守一个原则：不陪着她学习。而且妈妈还告诉吟鹤：独立完成学习任务是一个小学生最基本的要求。在妈妈的要求下，吟鹤懵懵懂懂地开始独立学习。刚开始，吟鹤时常犯磨蹭的毛病，本来十分钟就能完成的学习任务，有时候需要花上半小时甚至更多的时间。于是，妈妈告诉吟鹤：“妈妈不会给你布置额外的学习任务，如果你按时按质完成学习任务，并能认真检查，没有错误，剩下的时间就可以做你自己喜欢做的事情。”有了这个承诺，吟鹤学习的效率大大提高，不用妈妈催促，也能按时完成。吟鹤回家第一件事情就是学习，而且还学会了自己控制时间。

◆ 策略二：为孩子营造良好的学习环境

阅读活动需要投入视觉，占据视觉的活动需要的专注程度远高于仅需要占据听觉的活动。长期习惯于阅读，孩子的专注力会得到充分发展。有条件的家庭可以为孩子设置一个书房，空间小的家庭可以创设一个读书区。在这些区域里，准备一套舒适的桌椅，整齐地摆放一些孩子喜欢的书籍。家长可以与孩子制订每日读书计划，安排固定的时间和孩

子一起阅读，并尝试使之成为习惯。

此外，家长应尽可能地减少那些影响孩子学习的环境刺激。在孩子学习时，家长尽量不要在他周围制造噪声，比如关掉电视、音响，把手机调成震动等；学习环境中最好不要放一些与学习无关的物品，比如杂志、漫画、游戏设备等。

◆ 策略三：有效训练专注力

家长可以通过以下游戏训练孩子的专注力。

》》 1. 听字训练

家长朗读一篇短文，当孩子听到“我”字的时候就用笔在纸上打一个钩。家长读完后检查孩子打钩的数量与短文中出现的“我”字数量是否一致，反复朗读、练习，直到两数相同为止。随着孩子能力的提升，可以逐步增加文章的字数。

》》 2. 听词语举手

家长准备好一串包含各类物品的词语，念给孩子听，让孩子听到某类物品的词语时举手。如当孩子听到与水果有关的词语时就举右手，当听到与家用电器有关的词语时就举左手。

》》 3. 数字传真

家长可事先准备几组数字，如“1、3、5、7、9”“2、4、6、8、10”“3、5、4、7、8、3”“6、2、7、9、4、6”“6、3、5、4、7、7、9、2”（数字可时常变换），把每组数字读一遍，让孩子听完后用笔把他听到的数字写在纸上。如果孩子喜欢这个游戏，就每天练10遍。

》》 4. 复述有声故事

在晃动的车里虽然不适合读书，但是可以试试听有声书。有声书可以为孩子提供另一种获取知识和享受书籍的方式，它可以是很有益也很有趣的。同时，在孩子听完一则有声故事后，家长可提出相关的问题，帮助孩子回忆。

5. 记住车牌号

家长和孩子比赛记路边开过的车的车牌号。可以根据孩子的能力，适当降低难度，比如说出车牌的最后一个数字或者后3个数字。

6. 夹豆子游戏

可以让妈妈做裁判，爸爸和孩子一起来玩：

每人面前各放两个盘子，一个盘子装着许多黄豆（可以换成绿豆、花生、红枣，颗粒越小难度会越大，根据孩子的年龄及使用筷子的灵活程度来决定），另一个盘子是空的。裁判可以要求参赛者用筷子，一次只能夹起一粒豆子放入自己的空盘子中，时间为1分钟或更长，比赛谁在规定的时间内夹的豆子更多。

延伸拓展

1.《托马斯和朋友时间管理互动读本》丛书［作者：艾阁萌（英国）有限公司著、童趣出版有限公司编；出版单位：人民邮电出版社］

理由及建议：这套书共分10册，是一套培养孩子时间管理能力的故事书。孩子可以在故事中感受时间的流逝，和小火车托马斯一起学习小故事中的大智慧。形式多样的亲子活动还可以让孩子认识日历和四季，同时学会管理时间的十个好方法：(1)事前准备充分，可以节约时间；(2)学会规划自己的时间；(3)学会控制时间的节奏；(4)学会分清轻重缓急；(5)用心做好每一件事；(6)学会借用别人的力量；(7)学会利用琐碎的时间；(8)学会创新方法，提高效率；(9)适当拒绝可以节约时间；(10)不要事事追求完美。

> >> 2.《来帮忙喽！家务小帮手》（作者：〔日〕辰巳渚文，〔日〕住本奈奈海图；出版单位：北京联合出版公司）

理由及建议：全书分“打扫和整理”“洗衣和收纳”“饭前准备和饭后收拾”“生活”四个单元，通过可爱的插画、生动的对话，甚至是日常小故事来向小朋友娓娓讲述常见家务的做法。同时，这本书也告诉我们，做家务是亲子沟通与增进感情的大好机会，全家人一起做家务，既其乐融融，也能让生活变得更轻松。（适合亲子共读）

> >> 3.《培养孩子注意力的50种方法》（作者：崔华芳，李云；出版单位：北京工业大学出版社）

理由及建议：这本书分析了孩子注意力的特点，提供了50种在家庭生活中培养孩子注意力的方法，并提供了一些有关注意力的亲子故事和亲子活动，简单、实用、有效地帮助孩子提高注意力。

评估改进

一、自我评估

亲爱的家长，您好！您在日常生活中的实际情况与下面列出的表现是否相符？若相符，则选“是”；若不相符，则选“否”。

	是	否
① 上班、参加家长会、与朋友相约去玩等，您习惯踩点到，甚至晚到。	□	□
② 您一般晚上11时以后才上床睡觉。	□	□
③ 周末时间，您常常睡懒觉，早餐和中餐一起吃。	□	□
④ 您晚饭后的第一件事就是打开电视机追剧或者打开手机刷短视频、看朋友圈、打游戏等，一直到很晚才休息。	□	□

	是	否
⑤ 当您看到孩子收拾书包、整理床铺或削铅笔等动作慢的时候，就忍不住帮孩子做完这些事。	□	□
⑥ 您每天都催孩子起床、写作业、吃饭。	□	□
⑦ 孩子的作息时间表由您帮孩子制定。	□	□
⑧ 您平时不太爱整理房间、扫地、拖地等，喜欢花钱请钟点工搞卫生。	□	□
⑨ 您平时不是自己做饭，而是老人帮做饭。如果老人不在家帮做饭，您就会去外面吃饭或者点外卖。	□	□
⑩ 家里的水龙头坏了、灯烧了、下水道堵了等事情，您都是花钱请专业人员来解决，不会自己动手解决。	□	□
⑪ 您习惯帮小孩收拾书包、收拾房间、整理床铺和整理书柜等。	□	□
⑫ 如果孩子洗碗洗得不干净，您就会当着孩子的面再洗一次。	□	□
⑬ 您习惯帮孩子准备好第二天上学要穿的校服。	□	□
⑭ 当孩子领了新的课本，您会买现成的包书纸包书，不会带着孩子手工包书。	□	□
⑮ 孩子学习时，您常常玩手机或吃零食。	□	□
⑯ 您经常在家里抱怨工作多、工作苦、工作累。	□	□
⑰ 孩子问您学习上的问题时，您一般会直接告诉孩子答案。	□	□
⑱ 您习惯帮孩子检查学习内容，指出错误，教孩子更正。	□	□
⑲ 您习惯帮孩子计划好先学习什么，再学习什么。	□	□
⑳ 当孩子完成学校的学习任务时，在还有时间的情况下，您会给孩子布置额外的学习任务。	□	□

【评估参考】

①第1～7题：若您选择“否”较多，说明您给孩子树立了按时作息的好榜样，注重培养孩子自己管理时间的能力；反之则说明您需要和孩子一起严格遵守作息时间，更好地引导孩子学会管理时间。

②第8～14题：若您选择“否”较多，说明您给孩子树立了热爱生活、自己的事情自己做的好榜样，孩子的自我生活能力将得到提高；反之则说明您需要更加注重培养孩子自己的事情自己做的能力。

③第15～20题：若您选择“否”较多，说明您给孩子树立了爱学习、爱工作的好榜样，孩子将逐渐学会自主学习，养成专注学习的好习惯；反之则说明您需要更加注重培养孩子主动学习的能力。

二、改进计划

亲爱的家长，您好。阅读本专题后，您应该对如何引导孩子学会管理时间，培养孩子自我生活的习惯，引导孩子学会专注学习有了更全面的认识。下面请您结合实际，写出自己的改进计划，并逐项完成。

第三专题 如何帮助孩子适应小学生活

从幼儿园升入小学，孩子要从生理与心理上完成角色转变，需要适应以游戏为主的幼儿园生活向以学习为主的小学校园生活的转变，由小朋友转变为小学生。而这个年龄的孩子多以自我为中心，活泼好动、朝气蓬勃。他们喜欢玩游戏，对周围的一切都充满着好奇，喜欢尝试新的事物。他们的喜怒哀乐随时写在脸上，毫无遮掩。他们已经开始有了矛盾的心理：有时候觉得自己已经长大了，什么都能做，非常能干；但有时又觉得自己很渺小，担心能力有限，生怕做错了什么，情绪上还不够稳定。

我们家长可以抓住孩子这些特点，让孩子意识到从跨入小学校门的那一天起，他们的角色已经发生了变化。但这个变化不是强硬扭转过来的，而是需要家长用心、用爱去感化、引导的，让孩子在家长的循循诱导下自然而然地爱上学校、爱上阅读，用好奇的眼光、探索的心去观察周围的一切事物，并能快乐分享——这就是幸福的教育，也是幸福的学习。

如何能让孩子爱上学校、爱上阅读、留心生活呢？本专题，我们一起围绕这个话题来聊一聊，希望能给家长们带来一些启迪和帮助。

爱上学校
——听孩子说学校里的高兴事

案例分析

案例一：孩子不适应学校生活，逃避上学

一年级的第一学期开始了，刚开学的时候，明明做什么事都干劲十足，一说上学就开心得不得了。他每天都积极地准时到校，有时晚到一两分钟就跟妈妈较劲。可没过多久，明明开始有了畏难情绪，整天闷闷不乐："妈妈，可以不上小学吗？我只想上幼儿园。幼儿园里有玩具，可以做游戏，还有好多小朋友一起玩。可学校里不好玩，上课时间又长，还要写好多作业，我真不想去了。"明明经常故意赖床，上学时哭哭啼啼，有时去到学校也不进教室。他每隔一段时间就莫名其妙地生病，妈妈带他去医院做检查，各种检查都做了，却检查不出什么问题。而且，只要一不上学，他的病很快就能好，在家里活蹦乱跳。明明的情况让妈妈束手无策，颇为烦心。

案例二：家长过高的期望引发孩子的焦虑情绪

妈妈担心睿睿学习跟不上，在小学入学前就让他提前学习了一年级的课程内容。入学后，妈妈对他的要求更严格了，每天都会叮嘱睿睿："你一定要好好学习。你已经不再是幼儿园的小朋友了，上了一年级，稍不努力就会被甩在后面。"自从上了小学，睿睿仿佛变了一个人，不再是那个整天乐呵呵的"开心果"，而变成了郁郁寡欢的"蔫果儿"："明天又要听写拼音，我好担心……如果拿不到100分，妈妈又该不开心了。"

有调查显示：30%～40% 的儿童在刚从幼儿园踏入小学时，会出现各种不适应小学生活的现象，如不愿意上学、不愿意提及在校的表现和活动、性情发生改变、学习状态差、无法融入集体生活等。而孩子之所以会不适应，主要是因为孩子难以适应从幼儿园到小学的诸多变化：

1. 教育方式和教学内容的改变

幼儿园的教育以玩为主，教育形式更多的是教师以游戏、儿歌、故事表演等形式直观教学。孩子主要学习一些简单的启蒙知识和与生活息息相关的基础知识技能。而小学教育则完全转向了集体教学，教学方法是以老师讲授为主，学生自学为辅。学习的内容是系统的学科知识和读写算能力的训练，重视发展孩子的书面语言表达能力和抽象逻辑思维能力。

在幼儿园时期，孩子的基本活动是游戏，没有学习上的压力；进入小学后主导活动是学习，教师有教学目标，孩子有学习任务，便有了压力。这种学习内容和方式上的差别使孩子难以适应。

2. 生活环境与制度的改变

幼儿园整体环境创设温馨、美观、充满童趣，有丰富的玩具和材料供孩子游戏；但是小学的校园环境和教室环境布置比较简单，除了桌椅没有其他玩具和材料。另外，幼儿园每天的时间安排注重动静结合，并且加入喝水盥洗、户外游戏、午睡等环节；但小学的时间安排主要是上课时间，且严格遵守作息时间和规章制度：孩子不得迟到、早退，不得旷课，上课也不能吃东西，听课时不能随便说话或者去厕所，要做什么事情都要向老师举手示意，经老师同意才行。面对生活环境和学校制度的改变，孩子就容易出现不适应的现象。

3. 人际关系的改变

孩子进入全新的小学环境，人际关系发生了巨大的变化。面对新老师、新同学，要重新建立师生关系及伙伴关系，逐步适应并融入集体生活。

①师生关系的变化

在幼儿园时期，老师像妈妈一样照顾孩子的衣食住行，能够关注到每个孩子的需求。但进入小学，老师的主要精力放在课业教学上，主要围绕孩子的学习、作业、纪律等方面进行管理，较少关注孩子生活及情感的变化。相对比幼儿园教师，小学老师给孩子的印象是严肃、严格的，部分孩子会产生惧怕心理。

②同伴关系的变化

孩子进入陌生的环境，需要重新建立熟悉的、融洽的伙伴关系，尤其对交往能力较弱、性格较内向的孩子来说，更是一个需要克服的难题。这将直接影响到孩子是否能够适应小学集体生活。

③亲子关系的变化

孩子进入小学前与家长可谓亲密无间，什么事都有人替自己着想。进入小学后，孩子开始了独立的学习生活，交往圈子逐渐扩大，亲子关系开始发生变化。家长对孩子的期望也变得更高：原本只希望孩子健康快乐的父母，对孩子的期望增多了，他们希望孩子能够在学习上出类拔萃，也希望孩子能够以优异的成绩为父母增光，成为父母的骄傲。有的家长在没有帮助孩子适应学校生活时，就要求他考出好成绩，忽略了孩子的成长规律，只为了让孩子“不输在起跑线上”。其实，这样的急于求成，对于孩子的成长并没有好处，只会让孩子更加厌倦学校，也会导致亲子关系紧张。

由于幼儿园和小学之间存在以上差异，导致孩子入学以后出现种种不适应。家长一定要谨慎地处理好孩子从幼儿园到小学的这一种转型，让孩子尽快地适应小学生活，养成良好的生活习惯、学习习惯。

了解孩子

帮助孩子更好地适应小学生活，首先就要了解孩子的身心特点。

1. 脑与神经系统迅速发育

6～7岁的孩子大脑快速发展，智力也进入了迅速发展期。这时脑的重量已经由新生儿时的400克增加到1200～1280克，相当于成年人脑重量的91%，它的机能已经能够承担小学的学习任务了。此时，孩子的脑功能正处在飞速发育时期，大脑神经活动的兴奋性较高，所以，他们爱说、爱动。

大脑的发育离不开充足的睡眠，6～13岁的儿童睡眠时间应该保持在9～11个小时。充足的睡眠时间不仅有利于孩子的各个器官的正常发育，也有利于他们维持正常的学习活动。

2. 无意注意占主导，注意力容易分散

6～7岁的孩子的注意以无意注意为主，有意注意还不完善。他们的注意力很难长时间保持在同一事物上，容易被新奇的事物吸引。在孩子长时间做某一件事，而事情本身比较枯燥的话，必然会导致孩子因大脑疲劳而精神分散。有研究表明，5～7岁儿童的注意力保持在15分钟左右，7～9岁儿童的注意力保持在20分钟左右。他们易受外界环境的影响而分心，在课堂上容易坐不住、爱走神。因此，孩子在学习15～20分钟之后，就应放松一会儿，然后再继续学习。家长要帮助他们学会控制自己的注意力，发展有意注意，将是对他们注意力培养的目标。

3. 处于以自我为中心的阶段

6～7岁的孩子处于以自我为中心的阶段，凡事从自己的角度出发，再加上孩子从小就习惯了在父母的呵护和长辈的疼爱下成长，根本没有意识自己应该更多地为他人着想，所以难以正确处理与同伴的关系。孩子可能会因为一块橡皮擦或是走路时的磕磕碰碰而与同学争吵，甚至打起架来。所以，家长要帮助孩子克服以自我为中心的想法，引导他学会如何正确处理个人与集体、他人之间的关系，才能使孩子更快地适应小学的集体生活。

孩子的成长离不开家长的关注，我们不妨试着听听孩子的心声，和孩子进行一次沟通，去了解孩子的想法和感受。

1. 我无法长时间保持专注

妈妈总嫌我做事不认真，总喜欢在我耳旁唠叨："你看你，又坐不端正了！""认真点，把字写好！"……其实，我已经静静地坐了近半个小时，我真的累了。我的眼睛发胀，我的手很酸。我只想到外边看看蓝天、闻闻花香，哪怕只是走走放松一下也好。妈妈，难道您愿意我一直在您面前假装专注吗？

2. 我喜欢劳逸结合、生动有趣的学习状态

覃老师上语文课，可有意思了。她的声音很好听，她的眼睛会说话会笑。她会把课文编成故事，生动有趣，让我们听得入迷。我的小手累了，她会让我们听音乐做运动，让我又有了精神。她从不严厉地批评我，即使我说话造句不够好，她也总是鼓励我，让我做得更好。

3. 我不喜欢"开小灶"

明天又是周末了，可是我一点儿也高兴不起来。因为妈妈整天张罗着给我"开小灶"，提前学习下一周的内容，现在不是"双减"了吗，怎么还那么累！周末，我只想做完作业，再去找小伙伴们，跟他们一起开心地玩耍。唉！辅导班就这样无情地夺走了我与小伙伴们在一起的时间。

实施指南

对一年级的孩子来说，适应学校的生活，每天都能愉快地学习、开心地和同学相处是最重要的。正如刘称莲老师说的：“让学习变成一颗糖，我们要千方百计寻找让孩子喜欢上学的‘吸铁石’。”“没有必要刻意在孩子的学习上花太多的心思，而是想办法让孩子爱上学校、爱上学习。”如果孩子们都把学校当作是快乐的发源地、盼着上学，何尝还用家长们苦苦相逼、连拖带哄地求着孩子上学呢？要让孩子把学校当家、爱上学校，就需要家长多用点心思，用恰当的方式引导孩子，让孩子与家长都能收获快乐与成长。

◆ 策略一：不轻易否定孩子

费理德曼说过：“如果孩子总是被责备，他就会失去耐心；如果他常常被夸奖，那么他就会对未来充满美好憧憬，爱你、爱我、爱整个世界。”一年级的孩子还没有形成较客观的自我评价意识，自我意识很薄弱，他们的自我认识主要来自他人对自己的看法与评价。一些我们看似极小的事情都很容易让孩子产生自卑的心理，比如，当孩子不适应新环境或学习遇到障碍的时候，有的家长可能就会产生焦虑情绪，因为孩子的某个举动不当而轻易否定孩子，甚至全盘否定孩子：“你已经是个小学生了，怎么还像幼儿园的小朋友一样？”“你怎么这么笨，这么简单的字都不会写！”“你怎么学的，比蜗牛还慢！”……家长的否定只会让孩子产生自卑感，产生担忧、焦虑的消极情绪。所以，家长要对孩子进行积极、肯定的评价，帮助他们建立足够的自信。

◆ 策略二：及时表扬孩子

一年级的孩子要迈进新环境，开始新生活，最需要来自家长的肯定与鼓励，以获得勇气和自信，更顺畅地开启小学生活。家长要善于发现孩子表现好的地方，及时给予鼓励和表扬。一年级的孩子往往都有“越夸越好”的特性，所以家长的及时表扬与鼓励可以让孩子感到温暖和关爱时刻围绕着他。同时，家长也要鼓励孩子对自己的良好表现做出肯定。家长可以制作“点赞红旗榜”，用奖励贴纸的办法来鼓励孩子；也可以制作“收获记录册”，让孩子记录自己在学校的良好表现：今天在学校表现怎么样，老师表扬了自己什么，今天在学校自己哪方面的表现最好……另外，如果孩子一直都表现得很好，那么，我们的肯定和鼓励也不能变成敷衍，更不能变成吹捧，而是要真正去发现他表现好的地方，指出他的优点，说到实处。

成功可以激发自信，而自信又能产生成功。如果孩子经常体验成功，又常常获得周围人的肯定和赞许，孩子就会克服对新环境的担心和恐惧，更好地适应学校生活。

◆ 策略三：让孩子喜欢自己的老师

在一个和谐、愉快的环境中，孩子更容易喜欢学习，有兴趣学习。同样的，孩子只有喜欢老师，他才能喜欢老师的课，学习也才能好。作为家长，我们要成为孩子和老师之间的情感桥梁。家长可以在孩子面前真诚地赞美老师、感谢老师，还可以告诉孩子，老师对孩子的喜欢。“老师脾气很好，她对你们很有耐心，我很喜欢她。”“老师很认真负责，非常细心，每次作业都批改得特别细致。”“因为你普通话语音很标准，老师特地让你当领读员。她很喜欢你呢。”

平常跟孩子闲聊时，家长可以很自然地问起他对老师的看法，尤其是成绩偏低的科目，判断孩子是不是对这门课的老师有意见。如果听到孩子不喜欢某位老师，家长就需要帮助孩子转化对老师的态度。家长可以从孩子的需求出发，挖掘老师身上容易被孩子接受的优点，让孩子慢慢喜欢上老师，从而保证学习进步。

◆ 策略四：帮助孩子扩大新的朋友圈

六七岁的孩子思想等各方面有了更大的发展变化，他们对自己在他人心中的形象、自己与他人之间的关系都有了新的认知，新环境也给他们也带去了压力，使得他们在新同学面前害羞、畏惧，难以交友。家长可以利用接送的机会跟其他家长聊天，互留联系方式，寻找能与孩子玩得来的同学；也可以联系与孩子在同一所小学的幼儿园同学，在双方家长都方便的时间让几个孩子一起玩耍、一起交流，利用节假日组织孩子们一起去郊游或是参观博物馆等。家长要及时地开导孩子，多鼓励他，让他学会与人友善相处，更好地融入集体中。

◆ 策略五：帮助孩子接纳新环境

陌生环境很容易让孩子产生畏惧感，因为不熟悉而出现不情愿、不喜欢的感受。但小学这个新环境却需要孩子更快地融入其中，否则排斥心理会让他无法安心学习。所以，家长要帮助孩子尽快适应新环境，并尽快适应新生活。家长可以带着孩子参观学校、了解学校历史、鼓励并陪伴孩子参与学校活动，让孩子说说自己的体会，感受其中的幸福与快乐。

爱上阅读

——和孩子说书籍里的小故事

案例分析

静静妈妈很重视孩子的课外阅读，每天都会固定抽出20分钟的亲子阅读时间。晚饭过后，静静拿着一本书示意妈妈读，妈妈也很乐意为孩子读书。一时间，整个客厅里充满着妈妈的声音，但是静静没听几句就噔噔噔地跑开了。妈妈像老鹰捉小鸡似的把她抓回来重新给她念，但她还是不愿意听，妈妈只能无奈地干瞪着眼睛：书也给孩子读了，为什么孩子还会跑开，不感兴趣、不愿意听呢？

阅读是学习的基础能力和基本方式，阅读兴趣的浓淡、阅读能力的强弱都是孩子进入小学以后学习能力高低的决定因素。培养孩子对书的好感和阅读兴趣不仅对孩子语言的丰富、智力的发展、知识面的扩大、学习能力的提高极为重要，而且对孩子健康情感、健全个性的形成和精神生活的丰富有着巨大意义。越来越多的家庭重视阅读，认同阅读是影响孩子一生的重要因素。但要真正做到让孩子爱上阅读，我们还真得花一番工夫。下面我们来分析一下导致孩子不喜欢阅读的原因。

1. 枯燥沉闷的阅读氛围

阅读的方式有很多种，可默读、朗读、诵读、亲子阅读……如果只是一味让孩子静坐默读一两个小时，很难让他们对阅读产生兴趣。案例中，静静妈妈采用亲子阅读的方式，但只是扯着嗓门念，殊不知，声音大并不代表有感情、读得好，能吸引孩子的注意。毫无感情的声音，谁听起来都会觉得枯燥，更何况是一个孩子呢？家长在给孩子读书时，一定要全神贯注、声情并茂、自然轻松地读，再加上丰富的表情、动作等，这样孩子才会受到感染，在脑海中勾勒出一幅幅的画面，甚至会在阅读中进入角色、感同身受。相对于逻辑语词记忆、形象记忆、运动记忆而言，这种使故事形象化的有声有色的情绪记忆，会更为深刻而持久。阅读中，家长还可以适时与孩子交流各自的感受，鼓励孩子表达自己的理解和想法：“你觉得下一步主人公会怎么做？你觉得这个结果怎么样？如果是你，你可以怎么做……”及时地与孩子进行互动，有意识地引导他们发挥自己的想象，这样既能调动孩子思考的积极性，也能进一步提升他们对阅读的兴趣。但是家长要把握好提问的度，注意提问的适时性和适度性，频繁的提问反而会抑制孩子阅读的积极性和主动性。

2. 缺乏良好的阅读习惯

5～7岁的孩子要经历从“听者”到“读者”的转变。一年级的孩子开始独立阅读，学会通过拼音识别不熟悉的字词，通过图片和上下文理解不熟悉的字词。他们的思维开始变得更加具体和富有逻辑，词汇量不断增加，阅读的速度和流畅度也在提高。但孩子的注意力、抗干扰能力还不够强，“静”的时间不够久，可能读不到几分钟就会被一些风吹草动干扰。多数孩子的阅读只是三分钟热度，想读就读，没有固定的阅读时间和阅读目标，这对良好阅读习惯的形成很不利。因此，家长要指导孩子有计划地阅读，引导孩子每天安排固定的阅读时间，这样日积月累，孩子自然而然就能养成阅读的习惯了。

3. 家长存在阅读误区

①误区一：为了识字而阅读

有的家长认为，阅读就是让孩子多认识几个字罢了，理不理解文章的内容不要紧。孩子认识字了，其实也就完成了阅读过程。然而，识字并不是目的，阅读才是目的，单纯追求识字量对阅读能力的提高没有太大意义。

②误区二：阅读课外书籍影响学习

在双减的形势下，孩子的课业都已经上了减法。有的家长认为，如果给孩子增加课外阅读量，就是在给孩子增加额外负担，反而会影响学习。所谓开卷有益，就是告诉我们只要读好书、多读书，就一定能收获更多。所以，家长要鼓励孩子在课余时间多读书，保护孩子对于阅读的兴趣和热情。

③误区三：逼着孩子读不喜欢读的书

家长喜欢跟着潮流按专家推荐，不管孩子喜不喜欢，没有征求孩子的意见，买自己认为重要的必读书目，让孩子一本接一本地啃。这样做，会让孩子对阅读越来越反感，甚至会抵制阅读，产生“厌读症”。所以，家长要根据孩子的年龄、性格阶段性的表现和孩子的喜好来选择书籍。

④误区四：强迫孩子摘抄好词好句

家长要求孩子读完一本书，还要从中摘抄成语、好词好句。有时甚至还有字数规定，没摘抄够的，等于没读。当摘抄已成为任务与负担时，阅读就会变成“怯读”。

⑤误区五：阅读成效要立竿见影

让孩子阅读就是为了提高阅读解题能力和说话、写作水平，保证测试中阅读与作文题少丢分。把阅读当成酵母片和膨松剂，希望孩子在短时间内就能妙笔生花。

⑥误区六：自己不读孩子读

家长“埋头苦干”刷手机，却要求孩子认真去完成阅读。没有以身作则做到共同阅读，互动对话。这种没有质量的陪伴还不如不陪伴，要知道，读什么不重要，在一起读最重要。

了解孩子

一、词汇量迅速增加

词汇量是儿童言语发展的重要指标之一，3～6岁是人一生中词汇量增加最快的阶段，这时孩子的识记能力也开始飞速地发展。学习上以识字为主，这时孩子的词汇量是3岁时的4倍，言语表达的逻辑性、完整性也在迅速发展，可以完整且连贯地说话。此时，孩子记忆多还是靠背诵、复述，有意记忆容量也正慢慢赶上了无意记忆，能够主动地、有目的地记忆一些东西。一年级的孩子对认字和书写都有着浓厚的兴趣，他们不再满足于单纯的口语，随着口语表达能力和书写能力的提高，他们的词汇量越来越大，越来越丰富，强烈的求知欲和好奇心成为主动阅读的动力。

二、理解力不断提升，喜欢图文并茂的书籍

5～7岁是儿童阅读的敏感期，孩子的思维从具体形象思维向逻辑思维过渡，逻辑思维在很大程度上还受具体形象思维的束缚，对各类词句意思的理解还有待加强，理解力处于不断提升的阶段。虽然他们已经可以根据文字表述来记忆一些东西，但他们的逻辑推理需要依靠具体形象的支持，甚至要借助图形来解读抽象概念。这个阶段的孩子对图文并茂的图书，甚至对没有文字的漫画书都很有兴趣，依靠具体的形象来理解文字里的内容，或者纯粹看图就能解读出属于他们自己的道理来。所以，家长们可以根据孩子的爱好及年龄特点，投其所好。

三、开始独立阅读，但仍喜欢家长为他们阅读

这个时期，儿童的知觉的有意性和目的性逐渐发展，他们能从知觉对象中区分出基本特征和需要感知的东西。他们的思维能力、自我意识感都在不断增强，但思维还带有很大的依赖性和模仿性，独立、灵活思考问题的能力还很弱。因为孩子的识字量远不及成年人，虽然他们开始学会独立阅读，并希望有一个自己独立的读书空间，但他们的语言能力、思考判断能力等还处在初级阶段，所以他们还是更喜欢听故事，也更希望爸爸妈妈能陪伴他们一起读书，在听和看的过渡中能更连贯而清晰地了解故事，一边听一边想一边收获快乐。

我们来听听孩子们是怎么想吧：

1. 我想安静地读会儿书

我每天晚上都要在自己的小书房读书，妈妈就坐在我的身旁。我刚读了两句，就被妈妈打断了：“呀，这个字读错了！应该读……”“宝贝，这句好像漏了一个字，再读一次。”一次、两次……为了纠错，妈妈不停打断我的阅读，我觉得自己好笨，再也没有往下读的兴致。读到最后，我也不知道书里究竟在说什么，脑里只有“不要读错”“不要读漏了”“用手指字”的提醒，对阅读的兴趣荡然无存。妈妈，请您不要在我阅读时打断我，好吗？

2. 我喜欢和爸爸讨论故事内容

我喜欢与爸爸一起读书，老师说这叫“亲子共读”。每周五晚的亲子阅读，是我最快乐的时光。我可以和爸爸快乐地讨论书里的白雪公主、拇指姑娘、青蛙王子……如果白雪公主没有醒来怎么办？如果青蛙王子变不回人形怎么办？拇指姑娘为什么会这样做……我觉得这样读书很有趣。

3. 我想看自己喜欢的书

我喜欢看漫画书，爸爸却把我拉到了儿童文学书架旁。我刚拿起一本《三毛流浪记》准备翻开，耳边却响起爸爸的声音：“阳阳，这本书这么‘小儿科’，不适合你看！来，看看这一本！”爸爸快速从书架上拿出一本《安徒生童话选》递给我。我不情愿地接过来，满脸的不开心。爸爸，我可以看自己喜欢的书吗？

实施指南

罗尔德·达尔说过：“书籍不应使人畏惧，而应是有趣、令人兴奋而美妙的；并且，学习做一个爱读书的人，会给孩子带来很大的优势。”可见阅读的重要性。而今，仍有很多家长不重视孩子的课外阅读，他们的思想观念还停留在应试教育的桎梏中，认为“孩子在学校里的课程已经很多了，只要考出好成绩就行了，读那么多课外书有什么用，既浪费时间又影响学习”。教育专家尹建莉做了一个非常恰当的比喻：一把相同的种子，撒到地里，有的得到合适的水分和充足的日照，有的既干旱又晒不着太阳，最后差异显而易见。阅读就是智慧的水分和阳光。

那么，怎样让阅读成为悦读，让孩子爱上阅读呢？

◆ 策略一：尊重孩子的阅读兴趣

孩子上小学后，孩子的角色发生了改变，家长对待孩子阅读的态度也发生了一些变化。有的家长认为，孩子学业重、时间少，语文课、语文教师完全可以解决孩子的阅读能力问题，而忽视了对孩子阅读能力的培养。相反，有的家长“太重视”阅读，产生了功利的心态——阅读是一项学习技能，是一项学习任务，是为了提高学习成绩。家长强迫孩子阅读，甚至强迫孩子阅读那些家长认为必须读而孩子不感兴趣的书籍。这样反而会破坏孩子本来就有的阅读兴趣，影响孩子的发展。

为此，家长首先要摆正心态，自然地发展孩子的阅读习惯和阅读能力。不把阅读作业或是学校指定的读物作为孩子的睡前故事，这样会让孩子感觉是在完成阅读任务，而不能享受阅读的快乐。刚开始，可以尝试让孩子读一些他感兴趣的书，消除孩子对阅读的压力，重新感受阅读的轻松、惬意，以便激起他对阅读的兴趣。家长还可以经常把孩子带去图书馆和书店，让他自主选择自己喜欢的书籍，尽情阅读。给孩子充分的自主权、选择权，孩子才会对阅读保持浓厚兴趣。

◆ 策略二：营造家庭温馨小书吧

阅读的环境对阅读习惯的养成起着非常重要的作用。因此，为了让孩子多读书，家长就要想办法创造一个方便孩子阅读的好环境。正如语言大师、文学家梁实秋先生所说的：“一个正常的良好的人家，每个孩子应该拥有一个书桌，主人应该拥有一间书房。”也就是说，不管家庭条件如何，都要让书的香气弥漫在家庭的每一个角落，把书（尽可能是孩子感兴趣的）放在电视机旁、床头、餐桌旁等孩子经常看到的地方。家里到处都是书，孩子被书吸引的可能性就大大增加，孩子的阅读兴趣就能慢慢培养起来。

哲学家波普尔的父母非常注重环境对孩子的影响。在波普尔的家里，除了餐厅，其他地方几乎全是书。在那偌大的藏书室里，放满了弗洛伊德、柏拉图、培根、笛卡尔、斯宾诺莎、康德和叔本华等名家的上万册著作。波普尔后来回忆说："在我还未能读懂父亲的这些藏书前，它们就已经成了我生活的一部分。"因此，家长若能为孩子提供一个良好的阅读环境，对孩子爱上读书无疑能起到事半功倍的作用。

◆ 策略三：和孩子一起读书

环境对孩子习惯的养成有潜移默化的作用，父母的陪伴也必不可少，家长的榜样力量不可小视。在生活中，我们不难发现，热爱读书的父母，他们的孩子也会对阅读情有独钟。实际上，陪伴阅读，是让孩子爱上读书的一条有效途径。

家长最好每天都抽出一个固定的亲子阅读时间，如果时间不允许，也可以利用周末时间，全家人坐在一起，或给孩子读书，或与孩子一起朗读，或一起静静默读。家长可以根据孩子的阅读习惯和方式来调整阅读的时长，一开始，可给孩子设置10分钟，随着孩子阅读习惯的养成，再逐渐增加时间。

当孩子在阅读的时候，家长要启发孩子对书籍内容的深层次思考，鼓励孩子多运用想象力，根据书中提供的插图猜想一下书的内容，并且与孩子分享自己的理解，在这个过程中，孩子的阅读兴趣就会得到提高。家长与孩子一起读书不仅可以活跃阅读气氛，也是家长在为孩子做爱读书的榜样，会使孩子受到鼓舞，主动地投入阅读中去。

◆ 策略四：充分利用孩子的好奇心

北宋文学家苏轼、苏辙小时候非常顽皮，不愿意读书，作为父母的苏洵夫妇为了激发他们读书的兴趣，在他们玩耍时，就故意悄悄地躲在角落里看书，看到孩子们过来，苏洵夫妇就故意把书"藏起来"。父母的神秘举动让孩子们十分好奇，他们想父母一定是在读什么好书。在好奇心的驱使下，苏轼、苏辙趁父母不在家时，把父母藏起来的书“偷”出来读。渐渐地，读书成了他们的乐趣，最终成为著名的文学家。苏洵、苏轼、苏辙三人文采都很出众，被后世尊称为“三苏”。

苏轼、苏辙的父母巧妙地利用了“潘多拉效应”，即“不禁不为，越禁越为”，抓住孩子的好奇心、求知欲，因势利导地激发了孩子阅读的兴趣。家长可以充分利用孩子的好奇心，设置让孩子欲罢不能的“悬念式阅读”：与孩子同读一本书，正读到引人入胜时，故意戛然而止，并告诉孩子，“欲知后事如何，请听下回分解”。如果孩子兴致缺缺，还可以在孩子面前不停赞叹这本书有趣，把书中的一些情节透露给孩子听。孩子听得心里直痒痒，急切想知道下次的情节，此时家长就可以“顺水推舟”：“妈妈没时间一下子看那么多，你想了解，可以自己试着看看。”就这样，孩子在家长设置的阅读“陷阱”中开始了自主阅读的历程，主动去阅读、去求知、去发现。等孩子读的内容超过了家长读的部分，家长还可以假装没时间看，并表现出急于想知道接下来的情节，让孩子把书籍的内容讲述出来，并和孩子一起聊故事中有趣的人和事。通过这种方式，孩子的阅读兴趣会越来越浓厚，同时孩子的阅读能力也得以飞速发展。

◆ 策略五：书不离身，多种阅读方式相结合

在外出时，让孩子挑选一本书放进背包，也许在旅途或是休息的间隙，孩子就会从书中获得一段愉快的时光。也可以在长途旅行时与孩子一起听听有声书，享受安静的阅读时光。

据调查，2010年以后出生的大多数儿童，从小就经常使用手机；90% 的 5～7 岁的孩子经常使用智能手机玩游戏。在平板电脑、手机等电子设备中，不乏非常好的阅读 APP，既方便又有丰富的资源，可以很轻易地通过网络找到适合孩子阅读的书。家长面对“手机控”的孩子们，可以尝试引导孩子用手机阅读电子书，这也是激发孩子阅读兴趣的一种手段。

◆ 策略六：为阅读添加乐趣

书不仅可以读，还可以演。家长可以设计场景，和孩子一起分角色表演，通过表演将抽象的文字形象化，易于孩子感悟文字背后蕴含的意思，培养孩子的语感和想象力，激发孩子的阅读兴趣。也可以把阅读与观影两种形式结合起来，如先让孩子阅读《大闹天宫》《葫芦娃》《大会师》等书，再让孩子观看相应的电影，孩子的兴致会更高。还可以结合实际生活，利用周末或节假日带着孩子去参观、体验书中写到的一些景点、场景，如去天安门看升国旗，家长可以带着孩子去亲临感受那种壮观与自豪，同时孩子对阅读也会越来越感兴趣。

留心生活
——和孩子讨论他眼中的世界

案例分析

淘淘妈妈真是烦恼极了：淘淘特别调皮捣蛋，喜欢拆东西、卸玩具，简直就是家里的破坏大王。有时候把卫生纸泡在水盆里，有时候把电视遥控器、电话手表拆开，不管是什么东西，都想拆成小零件来看看。家里的工具箱、小家电都成了淘淘的“拆分对象”。拆东西已经成了淘淘最大的爱好，而且不光是在家里，在外面也是东摸摸、西拧拧，经常弄坏别人的东西。淘淘妈妈经常被气得火冒三丈，可无论怎么惩罚，孩子的毛病始终改不了。

孩子精力充沛，好奇心旺盛，模仿力强，“破坏”是孩子成长发育过程中时常出现的现象，原因一般来说有以下几种：

1. 好奇心的驱使

孩子对周围的事物充满了新鲜和好奇，有打破砂锅问到底的执着，对于自己不了解的事物，孩子很想弄清楚它的工作原理，还想看看这个东西是用什么材料做的。他们把它拆开来，并不想损坏它，但是由于孩子的能力有限，在尝试的过程中，往往不小心就闯了祸，引起家长的震怒。

孩子因为好奇心才会去搞破坏、去捣乱，这其实是他们想要学习和探索的表现。如果这种探索欲望能够得到理智的引导，无疑会提升孩子的动手能力、观察能力、思考能力和创新能力。反之，如果不问缘由地批评、制止，甚至以打骂来对孩子进行惩罚，这样只会冷却了孩子的好奇心，泯灭了孩子爱动、好奇和勇敢甚至是冒险的天性，扑灭了孩子求知的火焰，培养出的孩子多半循规蹈矩，缺乏思考，依赖性强。

2. 好心办坏事

有些孩子的破坏行为是由于好心帮倒忙。孩子的出发点是好的，但由于经验不足或能力有限，结果他帮忙的行为，反而成了破坏的行为。比如，孩子想帮妈妈扫地，往往会把妈妈已经打扫干净的地方弄脏，还可能把一些书碰掉在地上或打碎杯子；孩子本来想帮妈妈洗衣服，可不知道放多少洗衣液，结果，却将一瓶洗衣液全都倒进了洗衣机里……这些都成了家长眼中的破坏行为。若是遇到这样的情况，家长首先要肯定孩子的想法，同时为他的好心而道谢，接着再和孩子分析失败的原因，教给孩子正确的做事方法。这样不仅能提高孩子的劳动意识，还能培养孩子的感恩、勤劳等品格。

3. 受挫后的反应

孩子受挫后，很容易产生嫉妒、愤怒、不满和争斗心理。年龄小的孩子更不容易控制自己的情绪起伏和冲动，常常会产生报复性破坏行为。比如，有的孩子因为妈妈给弟弟买了新衣服而没给自己买，就故意在弟弟的新衣服上扎几个洞。这就是因为忌妒而产生的破坏行为。有些孩子的破坏行为是由于生家长的气，故意损坏东西，以此发泄心中的愤怒。这样的孩子的家长多娇惯或溺爱孩子，孩子想要什么给什么。这样一来，如果家长觉得孩子的要求太离谱了，或者没能力满足孩子的要求，孩子就会摔东西，甚至将玩具拆散，以此来要挟家长，来满足自己的无理要求。对于这样的孩子，家长应注意疏导他的情绪，耐心地给他讲解道理，引导他用恰当的方式来表达情绪。

4. 希望得到家长的关注

如果家长的工作都比较繁忙，无暇顾及孩子真实的感受，那么只要孩子安安静静地，家长几乎就会对孩子不闻不问，而当孩子捣乱的时候，家长就会立马关注到他们。所以，孩子为了吸引父母的注意，就会想着用捣乱的方式。所以，家长在责骂孩子捣乱时，也要反思一下自己是否太忽视孩子了。

了解孩子

一、孩子有强烈的好奇心

好奇心是学前儿童普遍的心理特征，6岁左右的儿童好奇心特别强烈。孩子的好奇心一方面表现为好问，另一方面表现为好动。这一时期的孩子的思维虽然仍旧是具体的，但抽象思维能力有了很大的提高，他们思考问题的层次越来越深，难度越来越大，问题也越来越多，常常超越了成人的知识和经验范畴。他们不仅希望得到成人的帮助和解答，同时还愿意通过自己实际的尝试、实验，发现和解决问题。好奇心往往能够促使孩子对某种事物、某件事产生求知的欲望，在这种欲望的驱动之下，他们会更留心地去观察与行动。在面临新奇的、神秘的、自相矛盾的事物，就会产生三种形式的探究行为：感官探究、动作探究、言语探究。孩子总想方设法去思考、去学习、去发现，了解其中的丝丝缕缕，并从中获得满足感、收获乐趣。

好奇心是非常宝贵的，它是推动孩子探索世界、获取新知、走向独立的主要动力。好奇心能提高孩子独立思考的能力，这不仅能锻炼孩子的思维能力，还能让孩子学到更多的知识，扩大视野，增长见识。因此，家长应该学会保护孩子的好奇心，让孩子快乐地获得更多的知识和本领。

二、孩子希望得到更多的关注

这个阶段的孩子倾向于以自我为中心，他们喜欢凡事自我优先，希望得到更多的关注。当孩子感觉被老师、家长忽视时，会产生嫉妒情绪而跟同伴发生争吵。孩子也更容易受到负面情绪（失望、生气、沮丧、焦虑等）的影响，他们会变得更加敏感，情感容易受伤，周围人不经意的一些行为，会被孩子判定为故意针对他们。比如：上课举手回答问题没被老师点到，可能会被孩子理解为老师不喜欢他们；父母先给了妹妹苹果，会被孩子理解为父母故意偏心。家长要经常和孩子聊聊天，带孩子出去参加他们感兴趣的活动，缓解负面情绪压力。引导孩子从积极的角度去看待同伴间的冲突，并鼓励孩子乐观面对。

我们来听听他们的声音吧：

1. 我不是异想天开

我喜欢问为什么，我与你们大人的眼光不同，我喜欢用自己的方式思考问题。可爸爸妈妈认为我是在“胡思乱想”“异想天开”，他们经常会对我说：“醒醒吧，孩子！这非常不切合实际！”然后对我就是一顿批评和否定。爸爸妈妈，是我的问题太多了，令你们生厌，还是你们无法给我合理的回答所以才否定我呢？

2. 我是个爱学习的孩子

这个世界很大，也很新奇，每种事物对我来说，都有着巨大的诱惑力。我什么都想知道，什么都想了解。我把“为什么”挂在嘴边，什么事都要“打破砂锅问到底”，还要自己动手探个究竟，甚至会“解剖”某些物品，它们的“牺牲”换来了我学习实践的经验与收获。爸爸妈妈，你们千万别怪我“爱钻牛角尖”，别指责我“搞破坏”，其实我是在思考、操作和学习。我希望得到你们的肯定、支持、鼓励与帮助。

3. 我喜欢和爸爸一起做实验

人为什么可以站在地面上？在小河里，为什么有的东西会沉下去，有的却浮在水面上？爸爸为了解开我心中的疑团，我们开始了小实验：搜集好沙子、盐、钉子、纸张、纸船、苹果，把水桶装满水，再依次把物品放进水桶里，观察这些物品会漂浮还是会下沉，并做好记录。在操作前，爸爸会让我先预测再进行实验：“我预测沙子它会在水中下沉……”如果预测正确，我会欢呼雀跃；如果预测错误，我也会不断思考。这样的小实验真的很有趣，我很喜欢！

实施指南

◆ 策略一：保护孩子的好奇心，鼓励孩子进行探究

好奇心是孩子的天性，是孩子求知欲望的反映，也是孩子智慧火花的迸发。孩子的学习兴趣往往是和好奇心联系在一起的。作为家长，不仅要尊重、保护和正确引导孩子的好奇心，还要努力激发他们的好奇心，使好奇心发展为强烈的求知欲。这对培养孩子的想象力、思维能力有很大的帮助。家长要耐心地对待孩子的每一个提问，既不能不耐烦地打发孩子的发问，也不能对孩子的提问不懂装懂，敷衍了事。对孩子提出的问题，要确切、通俗易懂、有条理地给予答复。如果孩子提出一些家长也解答不了的问题，就可以和他一起查资料，或者去请教老师。家长还应鼓励孩子由提问进而发现问题，勇于创新、创造，自己动手解决问题，自己发现和总结自己以前没有认识的东西，引导他们去发现各种事物发展的规律和事物间的各种内在联系，培养孩子积极探索世界的精神。

家长要积极支持孩子合理的探索行为。如果孩子喜欢“搞破坏”，那么，家长可以给孩子买适合拆装的玩具，为孩子提供可以探索的物品。引导孩子把拆下的东西重新装配起来，在这个过程中，给他讲解一下这个玩具或者钟表的原理，还可以乘机告诉孩子，有哪些东西存在安全隐患，不能乱摸，比如电器开关、电线，容易引起过敏的动植物等。这样既锻炼了他的动手能力，又能让他从中学到很多知识，更重要的是肯定和支持了他的求知欲。

◆ 策略二：鼓励孩子观察自然，观察生活

随着城市化进程的加快和课业的加重，以及电子产品的推陈出新，孩子们变得越来越“宅”，与自然之间的联系也渐渐稀少。大自然是一个丰富多彩和蕴藏无穷奥秘的世界，大自然中四季的更替、气候的变化、动植物生息以及丰富的地理环境等，正好可以满足孩子的求知欲。

对孩子感官的刺激与认知的发展来说，大自然是最直接的启蒙良师。家长要经常带领孩子到大自然中去，让孩子在尽情地玩耍之中，观察万物的悄然变化。为什么月亮有时是圆的，有时是弯的？为什么树叶会变黄？为什么青蛙与蛇要冬眠？吟唱的小鸟、鸣叫的虫儿、飞舞的蝴蝶、绽放的花朵、飘零的落叶……自然中的一切都会引起孩子们极大的兴趣和思考，使他们表现出强烈的求知欲和探索精神，这就是自然的魅力。

同时，家长在平时也应鼓励孩子观察生活、观察事物，从小事、细节中受到启发，引发更深层次的思考，并鼓励孩子勇于发现问题。比如，让孩子观察家里养的花草、小鱼，观察蚂蚁和蜗牛的爬行路线，看到云的流动，跟孩子讲一讲云的变化和天气的关系等。

◆ 策略三：引导孩子通过趣味实验的方式去寻找答案

对于孩子的疑问，家长不要轻易给出答案，不要着急给孩子灌输理论知识，要给孩子提供探索问题的思路，善于利用身边的具体条件，因陋就简，引导孩子亲自动手进行尝试，通过调查、观察、实验等方式去寻找答案。观察、实验可以培养孩子对学习的兴趣和获得知识的能力，以及在探索过程中体验学习的快乐和掌握科学的思维方式及方法。

如家长可以结合学校安排的任务“种豆子”，与孩子一起探究豆子的生长过程。从选豆、泡豆、埋土、浇水等准备工作，到观察豆子发芽、破土、长叶、开花、结果的生长过程。在观察中，教会孩子观察的技巧：从远到近、从上到下、从外到里、从整体到局部……在观察的同时，家长可以以提问的方式，引导孩子进行思考与想象：豆子没泡水时有多大？泡水以后变得像什么？为什么会这样？看到小叶片长出来，能想到什么？你觉得它与什么东西特别像……既丰富了孩子的想象力，又让观察更富有趣味性。

家长可以和孩子设计一个观察记录表，记录豆子的生长现象：

时间	生长情况	形状变化	颜色变化
第一天	变大了一点儿	表皮不光滑了	淡黄
第二天	豆子变大了	变得特别饱满	颜色变浅了
第三天	……	……	……

除此之外，家长还可以教会孩子写观察记录：可以先口述观察到的情形，然后以绘画或文字的形式记录下来，或是写成观察日记。这样充分利用各种感官，动眼、动手、动心，全身心地投入，有了感情、想象、思维的积极参与，孩子们观察的乐趣会更浓烈，对生活会更留心，知识也更丰富。

延伸拓展

一、阅读推荐

> >> 1.《儿童心理问题实战攻略》(编著：田艾米；出版单位：电子工业出版社)

理由及建议：如何了解孩子莫名的举止，“不懂事”背后的真实？如何走进孩子的内心？如何帮孩子度过成长的荆棘期？这本书通过近百个实用儿童心理分析主题，对孩子家教中各种让家长伤脑筋的问题心理和行为进行了探讨。让家长学会读懂孩子的情绪反应，走进孩子的内心世界，从而反思自身存在的问题。正遇到教育孩子的问题、亲子问题找不到出入口的家长们，不妨读一读这本书，也许从中能找您想要的答案，找到适合自己教育孩子的有效方法。

> >> 2.《一年级的小朵朵》(作者：狐狸姐姐；出版单位：春风文艺出版社)

理由及建议：这是一本校园幽默小说，通过朵朵刚进入小学独自面对新的世界，其间发生的好玩故事，帮助孩子找到解决问题的办法。这是一本很好的亲子共读书。

3.《和孩子聊书吧：让孩子爱上阅读》（作者：蒋军晶；出版单位：中国人民大学出版社）

理由及建议：和孩子聊书，是养成孩子良好阅读习惯、建立阅读优势的方法之一。什么样的书适合聊，聊书有哪些好方法，“阅读单”怎么用效果最好，孩子不应错过的好书有哪些……作者将自己10多年的聊书心得、奇思妙法和成功经验完全呈现出来，让家长明白如何“聊”，如何从“聊”让孩子爱上阅读。

4.《陪孩子走过小学六年》（第2版）（作者：刘称莲；出版单位：北京联合出版公司）

理由及建议：作者用自己育儿实践中的点点滴滴，从阅读、学习、生活、品格、心理、沟通6个方面，向我们讲述了和谐亲子关系的重要性，与我们分享了她成功的经验，也让我们从她的育儿故事中学到很多道理。其中，生活篇中《大自然是本无字的书》《养殖与种植：体验生命的神奇》，阅读篇中《被翻烂的“百科全书”》，讲述了作者对孩子好奇心的保护、激发与引导。她有心而无痕的教育方式确实值得借鉴，优秀经验值得家长引以为用。

二、视频推荐

1.《把爱带回家》

理由及建议：在全国妇联家庭和儿童工作部的指导下，由中国儿童中心期刊总社（全国家庭亲子阅读活动办公室）组织开展的亲子阅读体验基地线上指导服务课程——《把爱带回家》“悦读大咖说”，从读物的选择、环境的营造、共读的方法妙招等，给家长们免费提供指导，相信您观看后一定受益匪浅。

2.《享受亲子共读时间，让孩子爱上阅读》

理由及建议：由“书香中国”北京金牌阅读推广人、声音表演艺术家张柏涵主讲的《享受亲子共读时间，让孩子爱上阅读》，全套视频共42集，通过实用易懂的选书宝典、“声临其境”的视听盛宴、“声动人心”的朗读表达等，让家长与孩子们共同走进亲子阅读的世界。

评估改进

一、自我评估

亲爱的家长，您好！您家里的实际情况与下面列出的表现是否相符？若相符，则选“是”；若不相符，则选“否”。

	是	否
① 不管工作或生活多忙碌，您每天都会留时间给孩子。	□	□
② 您关注孩子的情绪，并能经常保持愉悦心情和孩子相处，主动与孩子沟通。	□	□
③ 您了解孩子的喜好，不论孩子发生什么事，您都能站在他的立场，理解他的感受。	□	□
④ 您的孩子会主动与您沟通他的真实想法或是与您分享他的快乐和忧愁。	□	□
⑤ 孩子说话时，您能耐心专注地听完。	□	□
⑥ 在生活中，您能从自身做起，用正能量影响孩子。	□	□
⑦ 您不会经常批评、指责孩子。	□	□
⑧ 您家的课外书籍能满足孩子的阅读需求。	□	□
⑨ 您认为阅读很重要并且自己也喜欢看书。	□	□
⑩ 您会主动为孩子购买他喜欢的读物。	□	□
⑪ 您的孩子每天有相对固定的阅读时间，而且阅读时长在30分钟以上。	□	□

	是	否
⑫ 您陪伴孩子阅读时感到非常愉快。	□	□
⑬ 您喜欢和孩子一起阅读，会联系生活经验和孩子交流故事情节。	□	□
⑭ 您能经常保持童心、好奇心。	□	□
⑮ 您会经常带孩子到大自然中活动或是新奇的地方游玩。	□	□
⑯ 您经常鼓励孩子细心地观察生活。	□	□
⑰ 您的孩子喜欢问“这是什么”“为什么这样”等各种问题。	□	□
⑱ 您喜欢和孩子一起思考、探索他想要解决的问题。	□	□
⑲ 您会认真对待孩子提出的各种问题。	□	□
⑳ 对孩子破坏性的拆解行为，您能站在他的角度思考。	□	□
㉑ 您能保护孩子的“异想天开”，会鼓励孩子打破常规的游戏玩法。	□	□

【评估参考】

①第1～4题：若您选择“是”较多，说明您有阳光般的心态，时刻对孩子的行为有细致的关注，您与孩子的关系和谐、平等、友好，能帮助孩子有效地适应新的校园生活；反之则说明您对孩子的关注较少，家庭氛围不够宽松，不利于孩子的快乐成长。

②第5～7题：若您选择“是”较多，说明您对孩子有积极的引导与影响；反之则说明您需要调整和孩子的沟通方式，关注孩子的心理变化，帮助孩子更好地适应小学生活。

③第8～10题：若您选择“是”较多，说明您是一个喜欢阅读并注重为孩子营造良好阅读环境，培养阅读兴趣的家长；反之则说明您的阅读意识与对阅读环境的营造还有所欠缺。

④第11～13题：若您选择“是”较多，说明您在对孩子的阅读引导

上下的功夫很深，很乐意陪伴孩子阅读并注重培养孩子有质量的阅读、快乐的阅读习惯；反之则说明您对孩子阅读的引导还有待加强，您与孩子的阅读还停留在为阅读而阅读，没有思考性的阅读。

⑤第14～17题：若您选择“是”较多，说明您对孩子在自然生活中的好奇心的引导与关注程度较高，在保护营造“问题情境”、诱导有质量的思考性问题方面做得较深入、探究性较强；反之则说明您在激发孩子的好奇心方面还有待加强。

⑥第18～21题：若您选择“是”较多，说明您善于从孩子的立场出发，能保护好孩子的求异思维，有效地激发孩子的好奇心与求知欲；反之则说明您在保护孩子好奇心与求知欲方面还需要改进和加强。

二、改进计划

亲爱的家长，您好。阅读本专题后，您应该对如何引导孩子爱上学校、爱上阅读、留心生活，如何帮助孩子更好地适应小学生活方面有了更全面的认识。下面请您结合实际，写出自己的改进计划，并逐项完成。

一年级下册

第四专题 如何培养孩子与人交往的能力

一年级孩子对身边的一切充满好奇。他们中的一部分活泼可爱、热情洋溢，喜欢尝试着与人交往，却又往往因为鲁莽任性、不讲道理而受到排斥，产生冲突；一部分相对斯文内向、胆怯害羞，不愿主动与人交往，也或者因更容易受到欺侮而被动退缩，选择回避。

良好的人际关系是一年级孩子适应并融入小学生活的开始，引导孩子喜欢交往、学会交往是培养孩子与人交往能力的关键。然而，这个年龄段的孩子对朋友的概念还很模糊：朋友就是玩伴，能玩在一起的就是朋友，能顺从自己愿望和要求的就是朋友。他们第一次以独立的存在面对他人、置身社会，由于自我中心感特别强，常常不能站在别人的角度考虑问题，不知道怎么表达自己对别人的友好，也因而在遇到问题时不会退让，发生矛盾是家常便饭。与人交往之初，他们会因不讲求诚信、伤害他人而被他人孤立，会因听不得批评、埋怨他人而生闷气。凡此种种，成为刚入学孩子交往路上的绊脚石，影响孩子与他人的友善关系。

作为家长，我们应积极为孩子搭建交友平台，有意识地给孩子注入交往的安全感和自信力，培养孩子阳光开朗的个性，引导孩子虚心纳言，诚信交往，使他们成长为一个受欢迎的人。

喜欢交往
——为孩子搭建交友的平台

案例分析

小涵上一年级了，全家人都忙碌起来。为了更好地照顾小涵，爸爸专程从老家接来了爷爷奶奶，每天帮小涵洗衣服、做饭。妈妈精心购置了小书包、铅笔盒、作业本等学习用品，帮小涵收拾得整整齐齐、妥妥帖帖。外婆最疼爱这个文文静静的外孙女，担心她受委屈、受欺负，千叮咛万嘱咐："小涵，在学校不要跟不懂礼貌、调皮捣蛋的孩子玩，下课后尽量不离开教室，到处跑太危险……"平时，家长们对小涵可谓寸步不离，就连下楼跟邻居小朋友玩耍也要陪着、护着，这样才放心。

小涵很怕生，每次路上遇到熟人或家里来客人，她不是躲在妈妈身后，就是干脆躲进房间。每每这时，妈妈只好以"这孩子害羞"敷衍过去，觉得这样才能在人前挽回点面子。最难堪的是每天上学，一到校门口，小涵就哭着不肯进校，非要妈妈陪她进到教室不可。妈妈拗不过，每次都只好依着她，不忍心看她哭闹，也不希望在其他家长和老师同学面前丢脸。

生活中，像小涵一样害羞、怕生的孩子不在少数。害羞是一年级孩子人际交往的一大障碍，也是影响孩子幼小衔接的因素之一。那么，孩子在人际交往中害羞胆怯、逃避退缩的主要原因是什么呢？综合分析家长的教养方式和孩子的成长历程，可归结为以下几点。

1. 过度保护

刚步入一年级的孩子，往往是家庭的绝对中心，没有与同伴交往的经验。家长处处对孩子不放心，生怕孩子做不到、做不好、受冷落、受欺负，因而喜欢包办代替或者过分控制。例如，孩子可以自己到商店购买学习用品，家长却因担心孩子不会买、不会挑、不会保管钱而剥夺了孩子锻炼的机会；跟同伴一起玩耍本是孩子最快乐的事，家长却因各种担心对孩子加以干涉，不能跟学习不好的孩子交往，不能跟性格不好的孩子交往。孩子在外玩耍时不许闹、不许跑、不许跳，家长尽可能陪在孩子身边寸步不离，随时对孩子进行“保护”：孩子受欺负了帮“出头”，孩子做错事了帮道歉，孩子没礼貌时帮“搪塞”……

显而易见，案例中小涵的家长就是如此，对刚入学的小涵照顾备至，处处“保护”，这无疑让小涵失去了自己面对问题、解决问题的机会。慢慢地，小涵的交往主动性受到抑制，交往能力逐渐弱化，见到外人自然而然采取“躲避”态度，面对学校这一新环境，面对学校里的新老师、新同学也就难以适应，产生交往退缩。

> >> 2. 标签效应

小涵妈妈在孩子回避交往给自己“丢面子”时，用“这孩子害羞”搪塞过去，表面看是给孩子的没礼貌找了个台阶，让自己挽回了面子，实际上却给孩子带来了负面的“暗示效应”，这是极为不妥的。

“暗示效应”在心理学上又叫“标签效应”。美国心理学家贝科尔认为，人们一旦被贴上某种标签，就会成为标签所标定的人。小涵妈妈的做法就好似给小涵贴上了“害羞”的标签，当这种“我是害羞的”的意识深深植入孩子内心时，她会认为自己就是这个样子了，以后她就会利用这个标签来逃避不喜欢的人和事。这时，害羞就成了孩子一种有意识的行为。

可见，“标签效应”、负面暗示是让孩子从无意识“胆怯”到有意识“害羞”的催化剂。

> >> 3. 交往阴影

造成孩子胆怯退缩的原因还可能是孩子在交往经历中留下过心理阴影。如第一次独自与人交往时受到了挫折、惊吓，又或者由于身高、见识等不如人而受到过嘲笑、欺侮，也可能因为不知怎么表达友好与人发生过冲突……凡此种种，使得孩子在与人交往时心有余悸，产生逃避心理。久而久之，孩子也会形成内向敏感、退缩逃避的性格。

了解孩子

六岁孩子的友谊是不稳定的。从心理学角度看，影响他们交往兴致，让他们产生交往退缩的主要内因是羞怯，也有部分孩子心理上畏惧交往，存在交往被动的行为。

一、羞怯是孩子天性和气质的一部分

心理学上将人分为不同的气质类型，其中多血质和胆汁质的人比较外向、大方，而黏液质和抑郁质的人则相对较为内向、害羞。研究表明，害羞的人体内往往含有"害羞基因"——一种与压力敏感度有关联的基因。这种基因负责支配复合胺的分泌，而大脑内的复合胺影响人的情绪、胃口和好斗性。也就是说，孩子的害羞可能与遗传有关，是与生俱来的。

二、心理上缺乏交往安全感

除先天因素外，从心理上看，六岁孩子会因以下因素更容易缺乏安全感：①自我意识开始发展，怕别人不尊重自己，对自己不友好；②自我评价低，怕别人说自己能力差，尽量躲避；③有"陌生人焦虑症"，对陌生人的出现感到恐惧、紧张或不安；④担心和小朋友在一起玩受到欺侮，不愿和他们玩，表现出退缩等。孩子若缺乏安全感，必然会失去对自己的信心和信赖。因此，他们害怕与人交往，非常抗拒社交活动，结果导致自己孤立；更由于对社交活动的害怕，失去练习社交技巧的机会，造成恶性循环，越来越缺乏别人的正向回馈，变得越来越害羞。

三、存在交往被动

随着现代通信技术的高速发展和居住环境的变化，孩子们不再单纯依赖面对面与人交流获得信息，而是通过电话、网络等途径间接接收各方面信息，人际交往不再频繁。加之现在的孩子都拥有自己独立的私人小空间，往往不喜欢被人打扰，这样就使得他们总是生活在自己的世界里，性格内向，回避交往。

我们不妨听听孩子们的心声：

1. 我也需要朋友圈

我上一年级了，我的梦想之一就是在学校里交到很多很多好朋友。可是，爸爸妈妈还有奶奶不希望我随便交朋友。爸爸说："和优秀的人在一起，你才会更优秀。我希望你的朋友是成绩优异的孩子，是品行优良的孩子。那些各方面表现一般的同学就尽量不要跟他们交往了，否则你会被他们身上的不良习气'传染'。"妈妈说："和谁做朋友，最好让妈妈帮你把关。那些性格太外向、过于聪明、打扮太漂亮、太过瘦小、眼神太灵活的孩子，都不适合做朋友。"奶奶说："现在熊孩子太多，奶奶怕你吃亏被欺负，还是不乱交朋友的好。"唉，看来，按照他们的标准，我是交不到朋友了。可是，我也需要自己的朋友圈呀！

2. 我不想去做客

空闲时，爸爸妈妈会带我去他们的朋友家做客。他们朋友的家里都是大人，没有跟我同龄的小伙伴，更没有适合我的书籍和玩具。每次去，我都是自己跟自己玩，要么在客厅里看电视，要么在阳台上看风景。大人们边喝茶边谈笑，有时还把我叫过去给他们表演节目，说是练练我的胆量。当着这么多人的面，我总是很紧张，常常不是记错了词，就是忘了动作，弄得父母很没面子，少不了数落我一顿。每当这种时候，我就感到特别难过和委屈。有时我想，大人为什么总是让我们小孩子做我们自己不喜欢的事呢？

3. 我不是故意的

我叫铭铭，是一个再普通不过的孩子。上课时，老师很少注意我；下课时，同学们更是很少跟我玩。我在班上几乎没有朋友，我多么希望自己也有几个好朋友呀！一次美术课上，老师让我们自由画画。我想，我把同桌小青画出来，她是不是会跟我交朋友呢？说干就干，我很快画好了，希望得到小青的表扬。谁知她一看到画就“哇”的一声哭了，哭得很伤心，说我故意捉弄她。我为此很纳闷，以后我都不知道怎么和她相处了。

4. 待在家里很快乐

我今年7岁了，正在上小学一年级。和同龄孩子相比，我更喜欢“宅”在家里。每天放学回家，我不是待在自己的小天地里拼凑玩具，就是打开电视看动画片，周末也是如此。我最感兴趣的就是把数百个零件拼凑成一辆汽车，只要爸爸妈妈给我买了类似的玩具，我就能连续3天待在家里，一鼓作气把玩具拼好。今年暑假，我迷上了电子游戏，每天早上一起床就开始玩《植物大战僵尸》，要不然就是一些七七八八的游戏，暑假过了半个月，除了爸爸妈妈带我外出吃过两次饭，其他时间我几乎没出过门。我觉得待在家里很快乐。

实施指南

美国马里兰大学儿童成长实验室的负责人内森·福克斯教授表示，父母的行为将决定“害羞”被进一步激发还是压抑。大量研究结果表明，如果在交往初期给孩子恰当的引导，就能克服孩子的交往障碍，提升孩子的交往技巧，使孩子逐渐爱上交往、善于交往。具体策略如下。

◆ 策略一：积极关注，给孩子安全感和自信力

对于敏感害羞的孩子，家长首先要避免给孩子消极的心理暗示，在孩子出现害羞时，不要强制性地把孩子往人前推，加重孩子心理负担。平时，家长尽可能无条件地积极关注孩子，始终把孩子看作有价

值的人，无论孩子做了什么，都喜欢他，让他知道自己能够获得别人的欣赏，包括他的优点和缺点。如果孩子经常得到家长无条件的积极关注，他们就会把积极关注内化，会赞赏自己，激发心理正能量，提升自信力。

对孩子给予积极关注，我们可以通过诸如“和孩子一起数优点”“我是独特的”“我会做很多事”等亲子活动加以传递。

如果一个人能够看到并认可自己做得好的方面，那么他可能会越做越好，负面情绪减少，而正面情绪增多。“和孩子一起数优点”的活动正是利用这一心理效应，在暗示和强化中放大孩子的优点，达到对孩子的积极关注，从而让孩子自信大方，敢于交往。

亲子活动：和孩子一起数优点

活动目标：让孩子正确认识自身的优点、长处；引导孩子发现自己尚未认识到的重要能力领域；增强孩子的自我认知和自我评价，提升孩子的自信力。

活动准备：纸笔、电脑。

活动过程：

1. 父母选择孩子情绪积极稳定的时间，比如晚餐后和孩子一起到小区或附近的公园散步，先跟孩子一起聊一些开心的事情，让孩子尽可能放松；

2. 接下来，父母告诉孩子活动规则，大人和孩子轮流数一数对方身上的优点，看谁数得最多，越具体越好，并分别用阿拉伯数字编号；

3. 在数的过程中，父母可以把手机的录音功能打开，将整个数优点的过程进行录音；

4. 回到家后，父母和孩子一起重新听一遍录音，根据录音把大人和孩子的优点写在纸上或输入电脑制作成一张清单，进行保存；

5. 过段时间，父母再把这份清单拿出来，重新对照，让孩子看看自己又多了哪些优点。

◆ 策略二：大胆放手，孩子间的事不“瞎掺和”

在与其他孩子的接触中，不可避免会发生一些摩擦，产生一些矛盾。有时，也会因为不能妥善处理而动起手来，发生肢体冲突。

其实，孩子之间发生摩擦、争执或冲突，一般不是什么大矛盾，常常是鸡毛蒜皮的小事。有关研究表明，同伴间的冲突是锻炼孩子观点采择能力的重要途径。

观点采择能力是指孩子理解他人，站在他人立场思考，并推测他人的行为和观点的能力。因为在与同伴解决冲突时，需要双方沟通自己的立场，了解对方的观点，权衡其他人的意见，这些都是孩子观点采择能力的体现。

因此，当孩子与同伴闹矛盾时，家长不用“瞎掺和”，也不必过于担忧，应大胆放手让孩子自行处理，家长只在必要时提供帮助即可，否则会让孩子产生依赖心理，会影响孩子处理人际关系的主动性与创造性。

为了逐步提高孩子解决矛盾的能力，家长可教给孩子“三步骤”：

①保持冷静。引导孩子学会管理自己的情绪，遇到问题先深呼吸，等待3分钟，沉住气，不说话，避免在情绪强烈时口出恶言，发生肢体冲突。

②以诚相待。待双方情绪稳定后，如实承认自己说过的话和做过的事。真诚是解决矛盾的前提。

③商量对策。列出解决问题的办法，一起商量，选择双方达成一致的对策。如果对方不赞同，则先离开，过后再行商议。

以两个孩子“抢书”为例。军军和明明都想看《小猪唏哩呼噜》这本书，可是谁也不想妥协，起了冲突。首先，两人保持冷静，向对方真诚说出自己想看的理由。然后，提出解决办法：可以轮流看，每人半天；也可以到图书馆再借一本，一人看一本。最后，两人商量选择一种方案并遵守。

◆ 策略三：提供“支架”，为孩子搭建交友平台

学会给孩子的经历提供“支架”可能是对孩子有裨益的一种教育方法。在教育学中，“支架式教学”(scaffolding instruction)指的是在一开始为孩子提供足够的方法支撑，然后逐步让孩子变得独立起来的教育教学方法。“支架式”的策略能帮助害羞的孩子变得更自信、大方。

如今，虽然部分家庭有了二宝，但由于年龄差距普遍较大，大多数孩子还是缺少玩伴，这非常不利于孩子人际交往能力的培养。与同龄小伙伴交往是孩子良好人际关系形成的一个重要方面，家长要因材施策，针对自家孩子的具体情况为他搭建适宜的交友平台，鼓励并引导孩子与人友善交往。

在与同伴交往方面，我们可以通过设计诸如特别的生日会、家庭聚会、周末足球赛、“猜猜我的秘密好友”等丰富多彩的交友活动，让孩子在愉悦的玩耍中学会交往，喜欢交往。

如何与陌生人交往呢？我们不妨多让孩子参与接待客人。要接待好客人，让客人满意，就必须在语言、行为上得体大方，这无疑给孩子提供了锻炼社交能力的机会，让他们学到一些待人接物的基本方法。比如，客人到来之前先了解基本情况，弄清楚客人与父母的关系以及该如何称呼，在心理上做好准备；然后做好待客准备，营造欢迎客人的气氛；客人来了主动打招呼，请客人坐，给客人端茶，大大方方回答客人的问话，别人说话时不随便插嘴，等等。

经常性地为孩子搭建交往支架和平台，给孩子创设良好的交往情境，让孩子在玩中学会友好相处，学会分享快乐，既给孩子播下喜欢交往的种子，又促进孩子交际能力的提升。

说到做到

——让孩子播下诚信的种子

案例分析

星期天的早上，浩浩缠着妈妈带他去动物园玩。妈妈想起浩浩没按约定在星期六完成作业，没有答应。浩浩开始向妈妈求情，他跟妈妈保证：一从动物园回来就写作业，绝不食言。妈妈有点心软了，她想：玩是孩子的天性，之前的周末总是忙前忙后，没什么时间陪孩子，难得今天有空，不如先陪孩子去动物园玩一玩，回来再写作业也不迟，何况去动物园不也是一种学习吗？

妈妈于是跟浩浩约法三章：1. 只在动物园玩半天，下午要回家写作业；2. 出去玩不能买零食；3. 下午到家后先写作业，没完成作业不能做其他事。浩浩爽快地答应了。

在动物园里，浩浩玩得很开心。可玩着玩着，看到别的小朋友吃着冰激凌、薯片、饼干……浩浩嘴馋了，他开始对妈妈软磨硬泡：“妈妈，我太口渴了，想吃冰激凌。”妈妈刚开始没同意，让浩浩喝从家里带来的水，但经不住浩浩一再哀求，心又软了：唉，难得带孩子出来一趟，也没必要这么抠门儿，就满足他一次吧。

浩浩如愿吃上了香甜美味的冰激凌，在动物园里玩得更欢了。不知不觉到了中午12点，妈妈开始一遍一遍催促浩浩该回家了，可浩浩总是撒娇说“再玩一会儿，再玩一会儿”。

就这样，到了下午3点，妈妈才带浩浩回到家。玩了大半天的浩浩这下终于累了，他央求妈妈让他先睡一小会儿。妈妈又犹豫了：孩子这个精神状态学习效果肯定不好，不如就先让他睡一觉吧，反正作业不多，很快就能写完。于是母子俩睡起了午觉。

起床后，就该吃晚饭了。吃完饭后，就到动画片播放的时间了。浩浩非要先看一集动画片再写作业，爸爸妈妈都拗不过他，只好妥协。最后，浩浩的作业是晚上11点才完成的，上床睡觉已是11点30分了。

这就是浩浩的一个星期天。

孩子诚信交往的种子首先是在家庭教育中播下的。孩子在家里对家长不守信用，在外面对他人也自然难守信约。守信是做人的根本，也是与人相处的底线，不守信的孩子是很难取得他人信任、赢得他人友谊的。案例中的浩浩显然没有养成守信的好习惯，这跟妈妈的教养方式不无关系。那么，导致孩子在交往过程中不守信用的根源有哪些？家长的教养又可能存在什么问题呢？综合分析，可归纳为以下几点：

1. 家长一再妥协

“行了行了，下不为例。”“就这一次，下次一定要说到做到。”“好吧，改变主意吧，跟同学解释一下。”……这些在孩子面前一再妥协的话语在生活中经常听到，大多出自孩子眼中的“好好家长”之口。“好好家长”往往在孩子软磨硬泡下失去原则，默许孩子食言失信。他们总是这样想：这次就不跟孩子较劲了，下次不由着他性子就行；暂时满足孩子要求吧，坚持下去还要费不少口舌，今天太累了，明天再跟他说道理；等等。“好好家长”们屈服于孩子，总有许多不可辩驳的理由：为了上班不迟到，为了摆脱在公众场合的难堪，为了孩子更高兴，为了孩子身体健康……正是这样的妥协心态促使他们在该“铁面无私”时“心慈手软”，使得孩子在他们的“妥协”中不断放任、变本加厉。久而久之，孩子不守信用就成了一种习惯。

2. 孩子有样学样

真正的教育不在说教，而在于父母潜移默化的行为示范和熏陶。孩子并不是天生就不守信用，但孩子的特点就是擅长于模仿别人的行为，作为朝夕相处的父母自然就会对孩子的一言一行产生重要的影响。现实中有的父母要求孩子信守承诺，自己却一再对孩子失约；有的父母在孩子面前一再做出不诚信的事情，比如当着孩子的面对别人撒谎……这些都会对孩子产生负面影响。

究其根本，还在于父母在内心深处缺乏对孩子作为一个独立个体的充分尊重，认为孩子只不过是个不懂事的孩子，大人对孩子说话不算数或“忽悠”几次没什么大不了的。如果父母一而再，再而三地出现这种不守信的事情，他们在孩子心中的信用就会逐渐消失。孩子们或许会想：既然大人都不守信用，那我只是一个小孩子，守信用还有什么用呢？

3. 无代价的失约

不用承担后果就会肆无忌惮地重复犯错，这就是人的天性，孩子更是如此。

一年级的孩子一般刚刚开始建立社会交往规则，遵守约定对于他们来说是一个比较新鲜的理念，需要一段时间来习惯，也需要反复的实践练习才能确立。然而，父母在给孩子建立规则过程中的方法是至关重要的。孩子违约之后家长没有采取恰当的方式来坚持原则，而是流露出无可奈何的情绪，这会让孩子觉得家长拿自己没辙，无能为力，以后也就不必再遵守规则了。

因而，孩子不守信的一个很重要的原因是他没有为自己的错误付出代价，这是当下诸多家庭在孩子教育中普遍存在的问题。

了解孩子

从孩子本身的生理特点和成长规律看，孩子守信度低的原因还出于以下几个方面。

一、注意力分配能力差

一个人能同时关注多种事物并合理分配，这是注意力的分配性，是注意力的优秀品质之一。一年级孩子显然尚未形成这样的品质，他们的注意力时间短，并且只能集中在自己感兴趣的某一件事上面，往往是关注了这个又忘了那个，还不能对某一件事产生持久且深入的关注。这样的注意力特征决定了一年级孩子容易出现说话不算数的现象，其实他们不是故意的。

二、自控力差

有关研究表明，小学一年级的孩子与其他年级的孩子在自控力上存在显著差异，自控力较差。这可能是由于孩子刚进入小学，生活习惯、社会身份、周围环境等方面都发生了巨大变化，自身又缺乏训练，导致约束力较差，这种现象随着年级增长会发生改变。

一年级的孩子，跟自己内心的连接是非常紧密的，他们往往跟着内心的声音去行事。当他们想做一件事情时，比如看电视，为了达到这个目的，其他条件都先答应着。因为孩子心里有美好的愿望，他们的目标坚定，但他们没有能力去“预想”承诺意味着什么，所以他们容易答应，并且答应的时候孩子真的以为自己可以做到。

三、责任感不强

六岁左右的孩子由于受到身心发展水平的影响，普遍对社会缺乏深入了解，对自己的社会角色尚很模糊。他们多以自我为中心，在人际关系处理中表现出自律性差、无法约束自身行为、不善于与同伴合作分享、缺乏宽容等情况，自我责任意识和对他人的责任意识都尚显淡薄。他们常常夸下海口，却又很快忘得一干二净；他们一般只关注自己的感受，很少顾及同伴的想法；他们不会主动对自己的行为负责，认为问题都是别人制造的；他们管不住自己，常常给同伴带来无端的伤害而不自知……

我们不妨听听孩子的想法：

1. 爸爸说话不算数

丁丁有一个漂亮的陀螺，是他爸爸给他做的，还经常在我面前炫耀，看得我眼馋。我央求爸爸也给我做一个陀螺，爸爸答应了，说过两天就跟我一起做。可两天过去又两天了，我心爱的陀螺还不见踪影。我心急了，一再催促爸爸，可爸爸每次都说："好，过两天等爸爸忙完手头这点儿事就给你做啊。"唉，我亲爱的陀螺呀，什么时候才能做出来呢？

2. 书被损坏怎么办

今天的好书分享会上，同学们都说我是个说话不算话的孩子，我可难过了。其实我也想把自己最喜欢的《小刺猬理发》带到学校和大家分享的。但是，这本书是奶奶送给我的生日礼物，她还嘱咐过我要好好爱护它，万一拿到学校被同学们损坏了或者弄丢了怎么办？我还是不舍得把书拿到学校去"漂流"。

3. 忘了我们的约定

星期六一大早，爸爸就兴致勃勃地拉着我去游乐园玩。"游乐园？这不是我梦寐以求的地方吗？"我满脑子都是游乐园里的娱乐项目，完全忘了几天前和小彤约好要在家里做手工。结果，小彤按约过来扑了空，非常生气。唉，小彤，真对不起，我是真的一高兴起来就忘了我们的约定。

4. 再看一会儿

每次看动画片，爸爸都和我约定时间。为了能尽快看上喜爱的动画片，爸爸说什么条件我都一股脑儿答应。时间总是过得很快，不到一会儿，爸爸就说时间到了，可我还没看够呢！我可不干，死活不同意关电视，要是爸爸生气，我就耍赖或大哭。这一招总是很灵验，因为爸爸很疼我，他可舍不得让我难过。

实施指南

美国学者安德森研究了影响人际关系的人格品质，排在最前面、受喜爱程度最高的六种人格品质是：真诚、诚实、理解、忠诚、真实、可信，排在最后面、受喜爱程度最低的几种品质是：说谎、装假、不老实等。诚信受人欢迎，反之则令人厌恶。为了让孩子成为受人欢迎的人，家长应重视孩子诚信品格的培养。

◆ 策略一：不轻易许诺，不随便食言

如果家长不希望孩子出现某个行为，最好的方式就是自己先不要做出该行为。不守诚信也是如此。现实生活中，不少家长喜欢对孩子信口开河：你这次考试得100分，奶奶就给你买新玩具；这个周末要是妈妈不加班就带你去游乐场玩；过年前爸爸给你买辆自行车……一次次许下诺言，一次次化为泡影。家长经常失信于孩子，既降低了自己在孩子心目中的威信，又无形中给孩子做了坏的榜样，慢慢地，说话不算数就变成一种习惯了。因此，父母要注意自己的言行，在对孩子许下承诺时，

请多加思索自己实现诺言的概率有多高，不给孩子开“空头支票”，不轻易许诺，不随便食言。

《曾子杀猪》的故事想必大家都很熟悉：曾子的夫人为了哄住哭闹着要跟她去赶集的孩子，许诺回来后杀猪给孩子吃。曾子为了不失信于孩子，真的把猪杀了，兑现了夫人的承诺。

古时有曾子杀猪以教子，而现代的父母中又有几个“曾子”？孩子说要苹果，母亲说下次买，然而“下次”不知要等多久；孩子说想听故事，父亲说晚上讲，而到了晚上，父亲玩着手机，早已忘了自己说过的话……这些不经意间随口许下的诺言，给孩子带来很多憧憬，也给孩子带来更多的失望。当孩子明白原来承诺是可以随意说出、随意忘记的，那么他在对成年人失去宝贵的信任的同时，自己也可能变成一个不讲信用、随意承诺的人。

◆ 策略二：事先约法三章，事后毫不妥协

和孩子商量一些需要遵守的规则，让孩子认可，然后不折不扣地执行，这是确保孩子说到做到的关键。现实生活中，我们看到父母往往是在用约定和承诺来实现约束或者管教孩子（看得出很多父母想做一个尊重孩子的父母），但实际上这个阶段的孩子根本不具备“实际预测”的能力。所以在孩子不愿履行约定时，父母需要做的不是和孩子强调“我们刚才约定好的”（孩子的承诺），而是需要告诉孩子该做什么，然后帮助孩子在行为上兑现承诺。

六一儿童节到了，爸爸妈妈带小睿去公园游玩。出门前，妈妈跟小睿做了约定：在公园的游乐场里只能玩三种最喜欢的娱乐项目。小睿爽快地答应了。

到了游乐场，小睿一眼就看见了最刺激的海盗船，便毫不犹豫地登上海盗船玩了起来。海盗船旁边是小火车和碰碰车，小睿都不想错过，又开开心心地体验了一把。这样，跟妈妈约定好的三种娱乐项目一下子就玩完了，可小睿还没尽兴，便缠着妈妈还要玩其他项目。

妈妈耐心地告诉小睿，说好的事情不能变卦，今天在公园里除了玩

娱乐项目，还可以看看风景，玩玩亲子游戏呀。可小睿就是不肯，在爸爸妈妈面前耍起赖来，见妈妈不妥协，爸爸也不松口，小睿干脆站在路边大哭起来。爸爸妈妈既不劝也不哄，只平静地反复强调说好的事情不能变，便在一旁的石凳上坐下来休息，让小睿自己哭闹。

哭了一段时间，小睿发现爸爸妈妈始终无动于衷，自觉无趣，加之也哭累了，口渴了，便悻悻地走过来对妈妈说："妈妈，我想喝水。"妈妈把水递给小睿，笑着问他："喝完水我们去哪里呢？""去喂小白兔吧，我想看看它们长大了吗。"爸爸妈妈都笑了。

在生活中，当您面对孩子的哭闹，是否会像小睿爸爸妈妈一样，能够坚持当初的承诺？您是否会在孩子的眼泪面前变得心软起来，最后向孩子妥协？也许您会觉得这只是一件小事，没有必要搞得孩子哭哭啼啼的，如果您真是这样想的，那就大错特错了。孩子守信的好习惯是要从小事中培养的，在孩子还小的时候，让他对自己说过的话负责任的确不是一件容易的事，但是家长要帮助他坚决兑现，绝不动摇。值得提醒的是，刚开始时一定会遇到孩子的抵抗和阻挠，因为遵守约定会给孩子带来一些不快，这就需要父母具备足够的耐性，遵守规则不放松，久而久之，孩子的守信意识就能慢慢形成。

◆ 策略三：自食其果，学会承担

对于不守承诺，孩子是否需要付出代价？答案是肯定的，这对于帮助孩子建立行为准则至关重要。至于这个代价应该是什么，至少要让孩子有所感觉——一种相当在意的感受。孩子哪怕是受过一次惩罚，付出过一次代价，都会从中体会到不守信的严重后果，这样他才会反思自己，从而改正。这比我们一味去指责、去批评要有效得多。

童童上学了，妈妈每天上班时就顺路把童童送去学校。为了确保上班不迟到，妈妈跟童童约定早上出发时间为7点，童童答应了。

刚开始的几天，童童对学校充满好奇，每天早早地起床做好准备，只等着妈妈送他去上学。可一段时间后，童童的新鲜感过了，懒劲儿也开始发作。

这天早上，闹钟响了三遍，童童还赖在床上不想起来。妈妈过来提醒道："童童，起床了，7点钟准时出发哟！要是你不按时起来，那就要自己走路上学了。"童童应了一声，又翻个身继续睡觉。7点钟一到，妈妈果真自己上班去了，只给童童丢下一句话："童童，今天你没有守时守信，只能自己走路去上学了，路上注意安全。"听到妈妈关门的声音，童童这才慌了神，赶忙起床洗漱，背起书包就往学校赶。可紧赶慢赶还是迟到了，结果不出意料，受到了老师的严厉批评。妈妈虽然嘴上那么说，但是还是默默跟在童童后面，确保他到了学校才放心。

有了这次教训，此后童童再也不敢拖拉赖床了。

虚心接受
——教孩子正确对待批评

案例分析

小铭是个自尊心很强的男孩，做了错事被老师或同学批评时，他总是把嘴噘得老高，不是不服气就是一副不以为然的样子。

这天，又是班级每周抽奖时间了。班主任陈老师拿着抽奖箱走上讲台，表扬了表现好、获得抽奖机会的同学，批评了小铭不遵守早读课纪律，所以他不能参加本周抽奖。小铭一听，满脸不屑："哼，我才不稀罕这些奖品呢！"

类似的情况发生过几次了，陈老师决定跟家长沟通，让小铭学会正确面对批评，听得进别人的意见。没想到小铭的爸爸在办公室里没等陈老师把话说完，就按捺不住性子，气冲冲跑到教室找小铭："你这个臭小子，讲不得是吧，看我不打死你！"小铭眼睛鼓鼓地瞪着爸爸，毫不畏惧。幸亏陈老师及时劝阻，否则小铭爸爸真的大打出手了。

陈老师从小铭爸爸那儿了解到，小铭在家总是很犟，听不进批评，动不动就对着父母大吼。爸爸是个急性子，没什么文化，认定“棍棒底下出孝子”，因而常常是一言不合就打小铭。长此以往，小铭练就了“天不怕地不怕”的性格，脸皮越来越厚，同学们都对他“敬而远之”。

孩子听不进批评，很大程度上与父母的教养方式有关。日常生活中，家长批评孩子往往存在以下几个误区：

1. 孩子还小，就该打骂

很多家长批评孩子时存在这样的心态：孩子越是听不得批评就越是要批评，不能由着孩子性子。趁着孩子还小，该打就打，该骂就骂，先在气势上赢了孩子，树立家长威严。否则等孩子长大了，就更说不动了，孩子也更听不进去了。案例中小铭爸爸就是这种类型。对于教育孩子，他们基本上没什么耐心，控制不住自己的情绪，怒火中烧，用大吼大叫来表达愤怒。其实，这种大吼大叫的教育方式并不能产生立竿见影的教育效果，声调和结果往往成反比。教育不是情绪发泄，提高嗓门不能解决任何问题，相反，会使孩子感觉家长的无情和自己不被尊重。另外，对孩子大吼大叫的教育方式，并不能让孩子学到什么东西。一旦孩子习惯了家长的这种教育方式，他会将家长的话当作耳边风，慢慢地，批评或表扬他都听不进去了。如果大人孩子都发脾气，批评很有可能会升级为哭闹和打骂，甚至可能会毁掉家长努力管教孩子的成果。到最后，家长就会很委屈地抱怨：“唉，我的孩子太皮了，我们打也打了，骂也骂了，就是不管用，我们是真的没办法了！”

2. 哄着孩子

当然，也有些父母对待孩子的态度截然相反。他们认为，孩子还小，内心很脆弱，过多批评会给孩子带来伤害，留下阴影，所以还是要多多表扬孩子，尽量让孩子有个开心的童年。至于孩子偶尔犯点错误，也没必要大惊小怪，犯错是正常的，跟孩子好好说说即可，犯不着弄得鸡飞狗跳的。因此，他们对孩子盲目赏识，一味表扬，就连倒一次垃圾、倒一次水这种孩子力所能及的小事也要夸奖一番，而面对孩子的错误，他们往往采用回避或绕过去的态度，担心孩子受不了。殊不知，家长的这些做法会给孩子造成一种错觉，以为自己“做什么都能得到表扬，很厉害”。久而久之，孩子习惯于躲在舒适区寻求“表扬”，自然也听不进批评了。

3. 由着孩子

现实生活中，还有些家长对批评孩子持无所谓态度。在他们看来，“江山易改，本性难移”，孩子听不听劝、接不接受别人批评都是与生俱来的，说多也没用。每次孩子犯错，他们会走过场般说孩子几句，至于孩子听不听得进、能不能接受就顺其自然，不愿意多花心思在引导孩子认识错误和改正错误上。在这种教养方式中成长起来的孩子，往往习惯于不把别人的批评和意见当回事，我行我素，容易给人被忽视的感觉，这是很不利于他们人际交往的。

了解孩子

从孩子层面看，孩子之所以敏感脆弱，有一颗“玻璃心”，不能正确对待批评，主要源于以下几点：

一、自尊心太强

美国著名人本主义心理学家马斯洛认为，每个人都有自尊的需要，孩子也不例外。一年级的孩子更是如此，他们已经朦朦胧胧有了一定的自我价值感和荣辱感，开始对他人的评价产生强烈的关注，渴望在其他同伴面前得到认可和表扬。一旦受到批评，有的孩子会进行争辩、对抗；有的会满肚子不高兴，生好几天的闷气；有的则可能毫不在乎，不把批评当回事；还有的特别敏感，会马上哭起来，觉得大家都不喜欢他。实际上，这四种态度都是没有正确接受批评的表现。

孩子之所以不愿意接受批评，主要是自尊心在作怪。一年级的孩子自尊心特别强，对于绝大多数孩子来说，老师的表扬或批评，就是他们高兴或烦恼的指挥棒，能得到老师的表扬是孩子最高兴的事，而一旦受到老师的批评，就会伤心难过，情绪低落。

二、缺乏心理弹性

很多家长觉得孩子的成长是需要鼓励的，这样能增强孩子的自信心。这样做是对的，但是有些家长没有控制好“度”，让孩子一直处于被鼓励的环境中，从而没有了“心理弹性”。一旦家长对孩子进行批评，孩子就会承受不了，产生过激的反应。

心理弹性从心理学的角度来说，就是主体对外界变化了的环境的心理及行为上的反应状态。该状态是一种动态形式，它随着环境变化而变化，并在变化中达到对环境的动态调控和适应。用通俗的话来说，就是人在面对困难时所表现出来的抗压能力，像弹簧一样。心理弹性越大的孩子，抗压能力越强，反之则敏感又脆弱。

心理弹性大的孩子对自己有清楚的认知，会主动分析自己的优势和不足之处，可以从容应对每一件事情，一般不会表现得惊慌失措；当遭到批评之后，自卑等负面情绪往往会随着自己的调节逐渐消失，不会被批评言论所打击，变得一蹶不振；遇到困难不会轻易退缩，困难带来的压力往往会变成动力，推动他前行，即使最后失败了，也只会当作是成功前积累的经验。

三、缺乏自信，渴望外界的肯定

根据心理发展趋势，一年级的孩子正处于寻求群体认同的心理阶段，渴望得到父母、朋友和老师的关注和认可，在乎父母、朋友和老师对自己的评价。他们很敏感，不够成熟，看待事情比较表面，容易患得患失。内心缺乏自信时，会对外界的肯定更加在意，以此来强化自己的安全感。所以，面对批评时，容易不自信，认为自己不够好，但是又不敢直视自己，害怕被进一步否定。

我们不妨来听听孩子的真实心声：

1. 大家都不喜欢我

最近我很难过。语文课上，老师批评我的作业书写不工整；数学课上，我的计算速度总是比同桌慢，他还笑话我像小乌龟。看来，大家都不喜欢我，不想跟我玩。我真希望能一直待在家里啊，在家里我总是受到表扬，没人会批评我，就算做错了事，也有爷爷奶奶护着我，我就像小公主一样受到全家人的宠爱，很幸福。

2. 这样我很没面子

我的朋友很多，因为我学习好，大家都佩服我。可是今天，我的面子丢大了，那么多好朋友到家里玩，爸爸就为一件不足挂齿的小事，竟然当着大家的面指责我，还让我跟朋友们道歉。这让我以后怎么面对这些好朋友？他们会怎么看我？还会喜欢我吗？

3. 我才不在乎呢

写字比赛结束了，张老师拿着获奖同学的作品和奖状走进教室。李立、圆圆、鑫磊……老师一一给获奖的同学发奖。“希望没有获奖的同学向他们学习，特别是成成，你这次写字退步很大，要好好练字，否则这个月评不上写字小能手了！”老师特别批评了我，我很不服气，心想：“评不上就评不上，反正又不是第一次落选，我才不在乎呢！”

实施指南

一年级孩子大多有着很强的自尊心，容不得别人半点儿批评，但是家长们应该清楚，孩子能够正确面对批评和建议，才有可能赢得周围人的喜爱和信赖。那么，如何引导孩子正确对待批评呢？

◆ 策略一：晓之以理，让孩子有平常之心

古语有“金无足赤，人无完人”“人非圣贤，孰能无过”。让孩子知道我们不是圣人，也不是贤人，我们是凡人。世界上不存在完美无缺的人，每个人都不可避免地存在着一些问题和缺点。一个人有局限、有盲点，会犯错误、有失误、出纰漏，会被批评。有了问题和缺点怎么办？知错能改当然是再好不过了。然而，俗话说“自己的刀削不了自己的把”，现实生活中，我们很难意识到自己的问题和缺点，有时要靠他人提醒，而孩子需要靠老师和同学们的批评和帮助。正确对待他人的评价，我们的长处和优点能得到不断发扬，短处和缺点会得到有效克服。孩子想要变得更加优秀和完美，更好地和身边的小伙伴相处，接受批评是很好的方法。

小强是一个性格外向的小男孩，活泼开朗，在家里很听大人的话，深得全家人喜爱。但是，昨天下午放学回来后，小强却表现得十分异常。他把书包往沙发上一扔，径直走进自己的卧室，嘴里还愤愤不平地说道：“我再也不去上学了！”然后把门重重地一摔。小强的异常举动让妈妈很是诧异，心想：儿子今天怎么了，谁惹着他了，说话像是吃了火药一样。经过一番询问才知道，原来小强下午被老师批评了。他课间时把同桌的玩具拿来玩，而且玩得很专心，上课了还在那里玩，所以老师批评了小强。小强上学以来很少受到老师的批评，这下子被批评，他觉得自己很没面子，于是不愿意去上学，嘴里还不停地说：“都怪陈老师，当着这么多同学的面批评我。”

弄清事情的来龙去脉后，妈妈和小强进行了一次谈心。

妈妈:“妈妈知道,你在学校一贯表现好,今天受到批评,心里一定不好受。”

小强:“是的。”

妈妈:“心里不好受是正常的。但是,我们做对了事情会得到表扬,做错了事情会受到批评和指责,这也是很正常的,你说呢?”

小强:“嗯。”

妈妈:“你是好孩子,一定明白上课时应该怎么做。”

小强:“要专心听讲。”

妈妈:“是呀,老师喜欢你,所以才会关注你上课的表现,当老师看到平时上课积极发言的小强竟然在玩玩具,该有多失望呀!你说呢?”

小强:“嗯。”

妈妈:“所以妈妈觉得,老师批评你也是重视你的一种表现。你想,老师不指出你的错误,你不就一直错下去了吗?”

小强:“可老师当着同学的面批评我,大家一定会笑话我了。”

妈妈:“每个同学都会有挨批评的时候。犯了错误受到批评不丢脸,但是如果知错不虚心、知错不认错、知错不悔改,那就是错上加错了,那才会遭到老师同学的笑话。妈妈相信聪明的你能以平常心看待批评。”

◆ 策略二:动之以情,让孩子适当内疚

所谓内疚,是一种非常重要的自我意识情绪,也是一种道德情感。内疚感是一种压力,能够让一个人充分认识到自己的错误,受到启发,变压力为动力,从而改正错误。面对孩子所犯的错,父母可以采取摆事实、讲道理的办法,让孩子清楚自己错在哪儿,产生适度的内疚感,学会反思自己的行为,学会纠正自己错误的观念和行为。

莎莎走路总是风风火火的,课间休息时,不是把同学桌上的水杯碰倒,就是把同学掉在地上的削笔刀踩坏,同学对她是批评声一片,埋怨声一片。可莎莎却说:“谁让你把水杯放桌上?谁让你把削笔刀落地上?”

爸爸知道后,跟莎莎分析了一番:“莎莎,如果是你的水杯被碰倒或削笔刀被踩坏,会给你带来什么不便呢?”

莎莎回答道:“口渴不能喝水，不能削铅笔，写不了作业。”

“是的，你给同学带来了麻烦，同学自然不高兴。”爸爸接着说，“你这样的举动，除了会给同学添麻烦，还会给谁添麻烦呢?”

“妈妈要买水杯和削笔刀赔给同学，给妈妈添麻烦了。”

“老师呢?”

“老师要处理同学水杯被摔坏和削笔刀被踩坏的事，也很麻烦。”

“是呀，你不管理好自己的行为，就会给别人添麻烦，就不会受到大家的欢迎，久而久之，你就交不到朋友了，你说呢?”

“爸爸，我知道错了，我应该受到批评。”

◆ 策略三：适度批评，让孩子有心理弹性

现在有些父母天天哄着孩子，只是一味地夸奖孩子，极少批评，其实是剥夺了孩子锻炼心理弹性的机会。拥有心理弹性的孩子，能够坦然面对批评和表扬，无论遇到什么，都能快速调整好自己的心态。也就是说，孩子的心理弹性在适度的批评中可以得到一定的锻炼。作为父母，要有意识地让孩子接受适度的批评。

那么，怎样的批评才算适度呢?

批评孩子的“三要”“三不要”

“三要”	
①要允许孩子做出解释	如果强硬地要求孩子改正错误，孩子会从心里不服
②要增加身体接触	可搂着孩子肩膀或拉着孩子的手讲道理，眼睛正视孩子，可达到恩威并施的效果
③批评过后要表明对孩子感情依旧	给孩子心理上抚慰，告诉孩子父母依然爱他
“三不要”	
①不要损伤孩子的自尊心	只谈眼前的错事，不翻旧账
②不要大吼大叫	大吼大叫容易让孩子产生逆反，把孩子推向对立面
③不要当众让孩子下不了台	批评尽量用“耳语”，私下单独交流，孩子更愿意接受

延伸拓展

阅读推荐

> >> 1.《如何培养孩子的社交商》(作者：[美]凯西·柯恩著，[美]乔·米拉贝罗插图，安燕玲译；出版单位：重庆出版社)

理由及建议：美国著名心理医师凯西·科恩根据自己多年研究与实践经验，总结出孩子在社交领域需要解决的十一大要点问题，包括如何加入伙伴当中、如何沟通交流、读懂社交信号、提高自我尊严、处理戏弄嘲笑、管理压力问题、化解矛盾冲突、控制愤怒情绪等孩子经常遇到的困扰，以通俗易懂、充满乐趣的方式指导父母帮助孩子和喜欢的人交朋友，在人际交往中找到快乐和自信。阅读此书，能够帮助孩子有目标、有步骤并循序渐进地练习如何与人交往，提高社交能力，和其他孩子融洽相处，生活得更加快乐和幸福。

> >> 2.《你的6岁孩子》(作者：[美]路易斯·埃姆斯、[美]弗兰西斯·伊尔卡著，玉冰译；出版单位：北京联合出版公司)

理由及建议：这本书的宗旨是给父母一张关于孩子的成长地图。在这里，家长可以清楚地了解六岁孩子所应有的行为或者行为规范。家长会发现，孩子出现的一些“糟糕”行为，其实是一种“正常”行为。家长还会深刻认识到，每一个孩子都是一个美好的、与众不同的独立个体，我们应该在孩子成长的各个阶段都懂得欣赏他。

> >> 3.《聪明却孤单的孩子》(作者：[美]卡罗琳·马奎尔、[美]特蕾莎·巴克著，张海龙、郭霞译；出版单位：机械工业出版社)

理由及建议：这本书回答了家长如何帮助孩子解决社交能力差的问题，包括怎样认真倾听别人、认同别人，什么时候要勇敢地表达自己，什么时候要保持安静，怎么才能更加自信，怎样观察他人的情绪，怎样举止得体和学会换位思考，等等。这本书将带给家长整套的训练计划，帮助孩子更好地融入社会，成为受欢迎的人。

评估改进

一、自我评估

亲爱的家长，您好！您在家庭教育中是否注重培养孩子与人交往的能力？请结合您的实际情况看看与下面列出的表现是否相符。若相符，则选“是”；若不相符，则选“否”。

	是	否
① 您是否常常因为孩子在熟人面前表现不好而感到尴尬并会当面指责孩子？	□	□
② 当您的孩子与其他孩子发生冲突时，您是否只批评自己的孩子？	□	□
③ 当孩子跟小伙伴在一起玩耍时，您是否总会夸奖其他孩子，哪怕他们的表现没有自己的孩子好？	□	□
④ 您是否会对孩子交什么样的朋友比较挑剔，总是考察得很仔细？	□	□
⑤ 您是否会不同意孩子把同学带到家里玩？	□	□
⑥ 您是否觉得孩子还小，哄一哄没关系，所以经常给孩子开出诸如“表现好就带你去吃肯德基”之类的空头支票？	□	□
⑦ 您是否常常因为工作太忙而忘了带孩子出去玩的承诺？	□	□
⑧ 您是否因心情烦躁而放弃做和孩子约定好的事？	□	□
⑨ 您批评孩子时是否从不考虑孩子感受，觉得孩子就该好好“修理”？	□	□
⑩ 您看到孩子不服管教就心里来火，是否常常劈头盖脸地给孩子一顿骂？	□	□

【评估参考】

①第1～5题：若您选择“是”较多，说明您对孩子交友的干涉较多，有时过分在意孩子交往的对象以及交往的表现，对孩子的一味指责容易让孩子失去社交的信心，难以提升交往能力。反之则说明您是一个用心为孩子创设交友平台的家长，您注重给孩子营造宽松的交往氛围，并会在孩子的社交表现上给予正向的反馈。

②第6～8题：若您选择“是”较多，说明您不太重视孩子的守信教育，也没有以身作则，这不利于孩子守信品质的形成。反之则说明您能坚持原则，坚守约定，给孩子树立了好榜样，有利于孩子在人际交往中做到守信守约，赢得他人尊重。

③第9～10题：若您都选择“是”，说明您对待孩子的态度过于强势，且不尊重孩子，不利于孩子自尊心、自信心的培养，从而不利于孩子自信交友，和他人平等相处。反之则说明您能尊重孩子，会考虑孩子的情绪和感受。

二、改进计划

亲爱的家长，您好。阅读本专题后，您应该对如何引导孩子学会交友，如何教会孩子诚实守信，如何引导孩子正确对待批评方面有了更全面的认识。下面请您结合实际，写出自己的改进计划，并逐项完成。

第五专题　如何帮助孩子健康成长

爱孩子的父母都不愿孩子输在起跑线上，然而，真正的起跑线是健康，是运动，是安全。一年级是儿童形成各种习惯、能力、性格的最佳时期。教育的本质是成长，不能仅仅只有分数，还有更重要的使命。孩子的健康成长、家国情怀、社会责任、实践能力、品行操守、理想信念等都远比一时的分数重要。生命不保，何谈教育；身体不好，谈何幸福。因此，孩子的健康成长比成绩更重要，牵动着每个家庭，也牵动着全社会。除了学校教育，孩子健康成长归根结底还是要靠家庭，需要家长细心、用心地言传身教，潜移默化，智慧引领。

成长的基础是健康，要遵循科学规律。孩子的健康成长需要顺应身心发育规律，遵循阶段性、跳跃性、差异性等特征给予科学正确的引导。对于一年级小学生来说，合理饮食是孩子健康成长的基石，喜欢运动是孩子健康成长的法宝，安全自护是孩子健康成长的保证。我们家长要了解孩子的生长特点，优化孩子成长的家庭教育环境，让孩子在这一阶段养成良好的饮食习惯，让运动成为童年的生活方式，并教会孩子学会自我保护，不仅文明其精神，更要强健其体魄，保障其安全，才能真正让孩子更好地适应小学的学习生活。

健康饮食
——让孩子做到均衡饮食

案例分析

“骨瘦如柴”是什么意思？看到俏俏大家就知道了。

七岁的俏俏吃饭，那是一个字——难。上幼儿园时，多亏有保育员阿姨，常常守着她吃，实在吃不完就喂。现在上小学了，老师说每到吃饭的时候，同学们会一窝蜂挤到讲台上打饭，都怕迟了没有饭吃，会饿肚子，但俏俏却总是一脸不开心，皱着眉头不愿意去吃饭。老师劝，同学们说，在大家的催促下她才很不情愿地去打饭。到了讲台，看看菜桶里的菜，一脸嫌弃和抱怨。回到座位上慢吞吞地吃，趁老师不注意还偷偷把饭倒掉。

放学了，爷爷奶奶去接她，俏俏立刻就嚷开了：“爷爷，奶奶，学校的饭菜不好吃，我都快饿死了，门口的小卖部有辣条和鸡柳，特别好吃，给我买吧，还要一瓶饮料！”爷爷说：“这些小食品都是垃圾食物，吃了对身体不好，待会儿我们回家吃饭，好吧！”“不、不，我们班的小朋友吃过，又麻又辣又香，我都快饿得不行了，一分钟也不能等！”奶奶一看心疼了，马上就给她买了。

回到家，妈妈把饭菜端上桌，俏俏却皱起了眉头，看着这道菜，摇摇头，看着那道菜，撇撇嘴，嘴里还喃喃着：“又是土豆炒肉丝和西兰花！我都吃腻了，都没有我喜欢吃的菜。”看着一会儿戳戳菜，一会儿拨拨米饭的俏俏，爸爸生气了，劈头盖脸一顿骂，俏俏委屈得流眼泪。唉，一顿饭吃得真是很糟心……

刚上学的孩子，比较难适应小学没有课间餐和保育员的生活，容易出现贪食、偏食、挑食、厌食的现象，究其原因有以下几点。

》》 1. 没有养成良好饮食习惯

有的父母本身就偏食，在饮食上挑三拣四，在孩子面前常说这不好吃，那也难吃，这就可能使孩子学大人的样；还有的爸爸妈妈们很担心孩子在学校吃不好，饿肚子，没有精神上课，于是对孩子的饮食要求总是有求必应，从而使孩子的口味越来越挑，专挑自己喜欢的东西吃，父母也没有对孩子的饮食习惯进行引导。而平时学校提供的午餐，由于考虑到学生营养均衡性，每周会安排不同的菜肴，如禽肉类、蔬菜类，但这些菜中总会有一些是孩子喜欢吃的，一些是孩子不喜欢吃的，加上校内午餐时间有限，所以许多一年级孩子存在着不良的饮食习惯。

》》 2. 没有营造良好就餐环境

有的家庭一边吃饭一边看电视，电视中精彩的画面分散了孩子的食欲，孩子不能专心吃饭；有的家庭父母关系不和谐，或常有父母喜欢在餐桌上批评教育孩子，小孩吃饭时会精神紧张，导致没有食欲；还有的家庭的孩子吃饭时，家长老是盯着他，就怕他吃不饱，吃不好，慢慢地，孩子会把进食当作威胁大人的一种手段，用吃饭慢来换取大人对他的注意和关怀，家长越着急让他吃，他越是不好好吃。没有一个良好的就餐环境，孩子吃饭变成了老大难问题。

》》 3. 没有合理搭配膳食结构

有些年轻的父母掌勺没有注意食物的荤素搭配和多样化，常做一种饭菜，孩子长期食用，产生了味觉上的疲劳；有的父母烹饪技术不过关，饭菜做得没有滋味，孩子不感兴趣，又怕饿着孩子，就在家买了大量零食。五花八门的零食对小孩极具诱惑力，孩子正餐不好好吃，零食却不离口，养成了常吃零食的习惯，导致孩子胃肠道消化液不停分泌，胃肠缺乏必要的休息，最终引起消化功能减弱，食欲下降。来到学校，孩子在校内不好好吃饭，校外商家千方百计地变换着零食的包装、口味、色彩来吸引他们，此时家长越是想控制孩子吃零食的欲望，孩子越是想寻找释放欲望的出口，形成一种恶性循环。

了解孩子

一、集体就餐对一年级孩子是个很大的挑战

对孩子来说，上学是一件人生大事。孩子上学后就将有计划、有组织地学习和生活，完成一些明确的任务，面临全新的、完全独立的集体生活。学龄前寸步离不开成人照看的孩子一旦入学，整个生活方式就可能会急剧变化，过去有保育阿姨的保护、督促、提醒、帮助，而上了小学，孩子必须学会由依附转向独立，不仅要学会集体就餐，还要学会遵守纪律，自主吃饭，这个过程对于六七岁的孩子来说是极具挑战性的。

二、一年级孩子的生长发育需要均衡的营养

6～9岁的孩子在身体发育上处在体格平稳发育的发育前期，其身高平均每年增长4～5厘米，体重增加2～3公斤，心率、血压、肺活量及其他生理指标都不稳定，且与成年人的指标有较大差距，骨骼易弯曲，肌肉力量较小，但大肌肉动作的协调性比幼儿期有很大的发展。孩子由于紧张的学习和大量活动，每日需要消耗大量的能量，营养专家指出此时的孩子需要各方面营养进行支撑。这要求家长给予孩子科学合理的膳食，如果孩子养成贪食、偏食、挑食、爱吃零食的习惯，营养就无法做到全面均衡，任其发展会给孩子生长发育和身体健康带来许多危害。

三、一年级孩子的饮食习惯需要父母的配合

一年级孩子向往独立，对新生活感到十分新鲜和渴望，但他们对自己了解不够，自主性和自觉性正在建立的过程中，对父母仍有较强的依赖，他们很容易受到同学、环境的影响，对一些商贩推销的不健康食品没有分辨能力，此时还是需要父母的提醒和督促。幼儿园时期保教并重，即幼儿园老师承担着保育和教育的双重角色。而上小学后，随着孩子身心不断完善，教师的保育功能逐渐消失，而更多承担的是教育的责

任。面对新环境，一些孩子往往出现精神紧张、身体不适、睡眠不足、心理压力大等问题，所以父母不要以为孩子进了小学可以松一口气了，相反，父母一定要更谨慎地处理好孩子从幼儿园到小学的这一过渡时期，配合学校的作息时间，帮助孩子养成良好的生活习惯，让孩子能吃好睡好，尽快适应小学的生活。

那么，在日常生活中，孩子对饮食的看法是怎样的呢？让我们听听孩子的心声：

1. 为什么三餐要按时吃

我早晨上学早，总是睡不够，刚起床也没有什么胃口，所以我不想吃早餐。中午在学校吃饭，开始觉得还不错，但吃了几次，还是觉得比肯德基、麦当劳差远了，所以中午我就随便吃两口，晚上让爸妈请我吃大餐。课后延时服务下课后，我真的好饿呀，想马上吃点东西！

2. 零食比饭菜好吃多了

话梅、奶糖、巧克力等零食都是我喜欢吃的，比妈妈做的饭菜好吃几十倍呢！学校门口小卖部的零食味道特别好，看到我们班的小朋友都去买，我也要买来尝尝。

3. 爸妈做的菜我都吃腻了

妈妈做的菜总是那三样，吃来吃去，我都吃腻了。吃饭的时候也是我最不开心的时候，不是爸爸批评我娇气、习惯不好，就是妈妈反复催促我多吃点、快点吃，让我对吃饭完全没了兴趣。

实施指南

身体是革命的本钱，食物是身体的能量来源。身体的健康离不开合理的饮食。父母在生活中要当有心人，引导孩子合理膳食，才能为孩子的健康成长保驾护航。

◆ 策略一：家长言传身教，注重饮食的营养全面

父母是孩子的一面镜子，他们的一言一行都被孩子注视着。一般家庭中，如果大人都不贪食、挑食、偏食，相信孩子贪食、挑食、偏食的概率会大大降低。要改掉孩子贪食、偏食、挑食的毛病，父母首先应该以身作则。《黄帝内经·素问》中提出了“五谷为养，五果为助，五畜为益，五菜为充，气味合而服之，以补精益气”的饮食原则。一年级孩子处于生长高峰期，一日膳食应该有主食、副食，有荤有素，营养全面。

科学的膳食结构是膳食平衡，即膳食中所含的营养素种类齐全、数量充足、比例适当。每天合理的膳食结构如下表。

6～10岁学龄儿童平衡膳食①

膳食品类	建议摄入量
盐 油	<4克/天 20～25克/天
奶及奶制品 大豆 坚果	300克/天 105克/周 50克/周
畜禽肉 水产品 蛋类	40克/天 40克/天 25～40克/天
蔬菜类 水果类	300克/天 150～200克/天
谷类 （全谷物和杂豆） 薯类	150～200克/天 （30～70克/天） 25～40克/天
水	800～1000毫升/天

◆ 策略二：保证饮食规律，帮助孩子适应学校生活

想要有强健的体魄，吃饭有规律，定时定量显然必不可少。按照中国人传统的膳食习惯“早餐吃好，午餐吃饱，晚餐吃少”，三餐食量的比例大致为3∶4∶3。家长应尽量保证孩子的就餐时间稳定。为了进一步适应一年级孩子的学习生活，家长还可以在家训练孩子在一定时间范围内吃完饭菜。美国著名儿科医生、心理学家本杰明·斯巴克在《新育儿百科全书》中说：“每个儿童生来有一套自行调节进食数量和种类，满足正常生长发育需要的精妙的生理机制。”也就是说孩子自己最清楚自己想吃什么，该吃多少。一般来说，小孩吃饭是慢一些，但30分钟左右已经足够细嚼慢咽。父母不要无限制延迟孩子吃饭时间，也不要干预和管得太多，让孩子正常发展自己的饮食功能，逐渐适应一年级的学

① 参考中国营养学会《学龄儿童膳食指南（2022）》。

校生活。父母可以和孩子一起制订一个科学的作息时间表，并严格按照计划执行。

◆ 策略三：改善用餐环境，利用同辈激励来促进

愉快的情绪有助消化液的分泌，可以增强食欲。吃饭时，父母要营造轻松的进食氛围，让孩子保持轻松愉快的心情专心吃饭，以利于食物的消化吸收。父母还可以和孩子商量，邀请学校的新同学来家里做客，和孩子一起吃饭，孩子会进行比较，看到别人吃得有滋有味，他也会选择不甘落于人后。父母也可以夸奖孩子的朋友，让孩子知道好好吃饭是可以得到赞赏的，从而激励孩子积极用餐。

◆ 策略四：保证饮食规律，适当地安排零食补充

孩子吃零食不用完全禁止，关键在于正确引导，合理安排。对于小卖部里的食品，家长可以采用多种途径告诉孩子如何挑选，分辨哪些是“三无”食品，对身体有什么样的危害。引导孩子在吃好正餐的基础上少量补充零食，优选水果、奶类和坚果，少吃高盐、高糖、高脂肪的零食，不喝或少喝含糖饮料。吃零食的时间也很重要，建议饭前不要吃零食，以免影响孩子吃正餐；睡前不吃零食，避免龋齿的产生。另外，零食提供的总能量不要超过每日总能量摄入的10%，家长还可以自己亲手做一些零食，奖励孩子，培养孩子的良好饮食习惯。

◆ 策略五：变换食物花样，让孩子动手参与过程

为了让孩子摄取更多的营养，家长可以变着花样为孩子制作食物，同样的食材变换不同的烹煮方法，运用多样化的组合，在菜的颜色、口味上做调整，孩子也会觉得有新鲜感。如果孩子不喜欢吃蔬菜或者肉类食物，那么可以将蔬菜和肉制成馅料，将它们包在饺子、包子、馄饨、饼、春卷里面，这样孩子或许能慢慢接受吃蔬菜或肉类。家长们还可以将孩子不喜欢的食材做成主菜的配菜，把食物搭配得五彩斑

斓，也能吸引孩子。家长还可以带孩子一起去购买食材，让他们有自己选择的权利，做些力所能及的家务活，比如洗菜、择菜、拿调味品等；和孩子一起摆放桌椅、碗筷，让孩子参与到做饭菜的过程中来。家长可以及时对孩子的表现进行鼓励和表扬，培养孩子的自豪感和成就感，让孩子爱上食物，珍惜食物。

喜欢运动
——让孩子爱上运动

案例分析

东东是个“小胖墩”，长得白白嫩嫩。他爱看电视、爱打游戏，一看见到动画片，眼睛盯着屏幕眨也不眨，一玩起手机游戏，可以坐在那儿动不动玩两个小时，但是一说去运动，他就和上酷刑似的不情愿。

一年级的体育课重点考核跳绳。对于东东来说，翻过语文的山，蹚过数学的河，就怕遇到跳绳这个大难题。那天，体育课老师教跳绳，东东先把脚迈了过去，接着再把手里的绳摇了过来，一个也没跳起……跳绳简直就是他的噩梦。

东东因为不爱运动，所以体质不好，三天两头就生病。这不，才开学两个月都请了五回假了。老师说他上课总是提不起精神，注意力不集中，学习状态也不好。只要感觉自己有一点不舒服就想往校医那儿跑，只要校医说叫家长接回去看病，他就像得救似的赶紧让老师打电话给家长把他接回家。因为缺乏锻炼，请假太多，体育老师说东东体质检测不合格，数学老师说他数学成绩不理想，班主任说他和小朋友相处困难。

生命在于运动。然而，近几年来很多孩子不喜欢运动，尤其是不少一年级的孩子出现了超重、肥胖、近视等健康问题，究其原因如下。

1. 受到电子产品的冲击

当下的电子产品设备内容丰富，电视、手机、电脑给孩子提供了更多的娱乐，父母怠于管教，把手机给孩子玩当作看管孩子的方式，孩子就被桎梏于电子产品中，运动自然就少了。因为缺乏运动，不管是孩子的速度素质、耐力素质、柔韧素质，还是孩子的爆发力、力量等身体各方面的素质，都呈现出了全面下降的趋势。其实对于孩子来说，最好的礼物不是昂贵的玩具或最新的电子产品，而是父母多陪自己一起玩，一起运动。

2. 家长对运动重视不够

一些家长以自己工作忙为理由，认为学校有体育课，而且要求每天锻炼一小时，把孩子送到学校就放心了。事实上，孩子运动习惯的养成很大程度上受到父母的影响，对体育运动没有兴趣的爸爸妈妈很难培养出一个打心底里热爱运动的孩子。学校“育”知识和文化，家庭“育”性格和品格。父母常带着孩子运动，会对孩子的身体素质的提高，对孩子的意志力、抗挫力、人际交往能力、判断力，以及果断、勇敢、拼搏等心理、性格的成长起到很大的帮助。

3. 学习与运动存在误区

一些家长认为上小学了，学习当然是第一位的，体育运动只是附加项。孩子先得把学习搞上去，体育好当然好，不爱运动也没啥关系，平时的家庭作业就要花费大量的时间，还要上兴趣班，有时间运动不如多看两页书。其实，学习与运动是同样重要的，运动和学习并没有冲突，相反，孩子能够通过运动缓解学习压力，消除心理疲劳，释放不良情绪，得到身体的放松和心理上的愉悦。另外，通过参加集体运动项目，能够让孩子学会处理与伙伴、家长的关系，培养与他人合作的能力，还能培养他们尊重权利、履行义务、公平竞争的意识，帮助他们形成正确的价值观和道德观，为适应未来的社会打好基础。“双减”以后，体育运动回归，上了一年级，孩子要进行跳绳、坐位体前屈等体质检测，家长应和学校齐抓共管孩子的运动能力，在生活中引导孩子形成良好的运动习惯，才能让孩子有坚实的身心资本塑造和追求未来。

了解孩子

一、运动可以强健孩子的身体

研究表明，7岁是多项身体素质发展的“窗口期”，更是运动促进智力发育的“黄金期”。学习和运动这两种活动对于孩子来说是相辅相成，缺一不可的。运动能让孩子有健美的体型，可防止儿童由于营养过剩而造成的肥胖。经常参加体育运动的孩子的肌肉比较有力，关节比较灵活，脊背比较挺拔，体态良好，动作协调优美，对自己比较有信心。

运动能使孩子长高。体育运动能加快血液循环，刺激生长激素的分泌，使骨组织得到更多的营养，从而促进身体的发育，起到增高作用。运动对骨骼起着一种机械刺激作用，尤其是长骨的生长时期，多运动能使孩子体格健壮。

运动能促进孩子的心肺功能。运动能使孩子血液循环加快，新陈代谢加强，心肌发达，收缩力加强。孩子在锻炼过程中，肌肉活动需要消耗大量的氧气和排出更多的二氧化碳，于是，呼吸器官需要加倍工作，久而久之，胸廓活动范围扩大，肺活量提高，肺内每分通气量加大，增强了呼吸器官的功能，对防止呼吸道常见病有良好的作用。

运动能使孩子胃肠蠕动增加。锻炼时，肌体各部的协调运动都是在神经系统的控制和调节下进行的，因此，在进行运动锻炼的同时，可以增强胃肠消化能力，增强孩子的食欲，促进营养的吸收，神经系统本身也经受了锻炼和提高。

运动能预防疾病。孩子进行户外运动，能逐步经受外界环境变化的刺激，皮肤和呼吸道的黏膜不断受到锻炼，增强了耐受力，大脑皮层也对冷和热的刺激形成条件反射。当外部环境发生变化时，孩子就能迅速而准确地进行反应，使身体跟外界环境保持平衡，这样就不容易生病。同时在户外活动时，阳光中的紫外线照射皮肤，可使皮肤中的7-脱氢胆固醇转化为维生素D，促进人体对钙和磷的吸收，从而预防和治疗佝偻病。紫外线还可以刺激骨髓，制造红细胞，防止贫血。新鲜空气中的氧气，能促进新陈代谢，并有杀菌的作用。

运动能促进孩子智力发育。因为在运动时，人体会产生多巴胺、血清素和肾上腺素，这三种神经传导物质都和学习有关。孩子运动后心情愉快、上课专心，记得快、学得好，自信心与自尊心也提升了。孩子在运动时，肌肉中的神经可将各种刺激冲动传到大脑，从而促进大脑各项功能的发育。

二、运动可以塑造孩子的性格

孩子健康成长，重在体育。运动是坏情绪的宣泄渠道，它不仅是对身体的锻炼，对大脑的锻炼，也是对意志和性格的锻炼。运动能克服某些不良行为，使孩子性格开朗、活泼、乐观，生活充满乐趣。体育锻炼能帮助以下五种类型的孩子克服性格弱点：

①孤僻型。这类孩子性格内向、孤僻，不合群，不善于与人交往，人际交往圈狭窄，缺少竞争动力。有些运动是集体训练项目，常会有一些团体性质的游戏、训练及活动，如拔河、接力跑等。通过参加集体项目，孩子可以感受到合作的乐趣，融进集体中，增强自身活力和与人合作的能力，逐渐改变孤僻性格。

②紧张型。这样类型的孩子表现为遇事紧张、害怕、焦虑，总是惴惴不安。要克服紧张心理，可以选择多参加竞争激烈的运动项目。通过模拟比赛、实战演练，感受形式多变、紧张激烈的氛围。若能经常在这种场合中接受考验，锻炼出良好的心理素质，遇事就不会过度紧张，也不会惊慌失措。

③胆怯型。这样类型的孩子胆小、性格软弱，对于与他人建立关系缺乏勇气。对于此类型孩子，要求不要太高，运动难度不要太大，循序渐进，注重基础训练，常肯定鼓励，多给予其成功的体验，以此培养自信心，提高胆量。

④依赖型。这种类型的孩子缺乏独立的见解，习惯依赖别人，易受影响，喜欢顺从别人。对此类型孩子应鼓励其表达自己的想法，同时结合行为训练做一些能够培养他们自主性、独立性的事，如家长可以带孩子进行徒步、攀岩等运动或鼓励他们进行画画、捏橡皮泥等创造性的活动。

⑤冲动型。这种类型的孩子情绪容易兴奋，不稳定、好冲动，急

躁、易怒，难以控制情绪且不计后果。此类型的孩子可以选择象棋、围棋等能够静下心来、锻炼定力的活动。

三、运动能促进儿童的人际关系发展

运动可以帮助一年级孩子发展社会技能，如合作能力、责任感、积极参与的意愿、诚实等；可以帮助孩子在遵守规则和服从裁判的基础上，形成公平竞争意识与积极运动意愿，使孩子学会与人合作。运动还能增进友谊，互相了解，为孩子创造一个团结友爱的学习环境。处在这样的环境中，孩子们玩得高兴，学得愉快，身心自然健康。

在日常生活中，孩子对运动是怎样想的呢？我们来听听他们的心声：

1. 我好喜欢在操场上运动

操场是我最喜欢的地方，我可以在那里自由奔跑，和同学打球、跳绳、拍皮球、扔沙包，开心极了。我们在操场上体育课，举行运动会，我参加了接力跑和跳羊角球比赛。操场是我们的乐园。

2. 锻炼身体太苦太累了

锻炼太苦太累了！运动结束之后，我浑身无力、腰酸背痛的，而且我跑不快、跳不高，所以我不喜欢运动，不喜欢体育比赛和锻炼。

3. 运动没有游戏好玩

锻炼需要长期坚持才能够看出效果，而游戏却可以马上令我满足与快乐。我宁愿看电视和打游戏，也不愿意去运动。游戏多好玩呀，一关闯完又一关，远比运动更有吸引力。

实施指南

有研究者调查发现，学习落后和留级的学生，有约85%并不是智力缺陷或是思想迟钝，而是因为身体虚弱、身体状态不佳。孩子的精神生活、智力发展、对自己的信心等，很大程度上取决于他生命的活力和精力的充沛程度。因此，我们要树立让运动成为孩子生活必需品的教育理念，帮助孩子在体育运动中享受乐趣、增强体质、健全人格、锤炼意志。具体策略如下。

◆ 策略一：以身作则，激发兴趣，让孩子享受运动的快乐

作为父母，我们要给孩子做好榜样，不要一回到家里就打开电视或手机在那看，这样对孩子影响很不好，因为很多的时候孩子容易受到大人的影响。如果父母喜欢运动，孩子也会爱上运动。运动不仅是完成肌肉运动的一个过程，也是一个非常重要的情绪调节过程。父母可以常给孩子讲名人锻炼的逸闻和运动的好处，让孩子明确运动的目的和意义；可以常带孩子去体育场馆观看比赛，孩子可能会对某些运动项目产生兴趣；可以常带孩子去运动场上演练一番，感受运动带来的快乐；还可以常表扬鼓励孩子在运动中的点滴进步，让孩子能够坚持参与运动。

秋天的周末，阳光正好。爸爸说："我们去踢足球吧！""好呀！"我

开心地说，“可是我和妈妈都不会呀。”“我来当教练。”爸爸自信地说。于是我们就抱着足球下楼了。

首先，爸爸教我们踢球要用脚的内侧。之后我和妈妈就开始练习。练习了几次后，爸爸突然说：“我们来一场足球比赛吧！”我和妈妈自信地应战。

比赛开始了，我朝着球门的方向跑过去，用尽力气把球踢出去，可是球只是慢慢地滚了出去，爸爸轻而易举地就挡住了我的进攻。轮到爸爸发起进攻了，球好像很听爸爸话似的，总朝着他的方向跑，才一会儿的工夫他就进球了。几个回合后，中场休息。我和妈妈讨论战术，爸爸也来场外指导，说：“要用脚先停球，再踢出刁钻的角度才有可能进球。”下半场的比赛我和妈妈越踢越勇。当妈妈接到球直接传球给我时，我趁爸爸不注意射中了他的球门。我和妈妈开心地跳了起来。

比赛结束了，虽然我和妈妈输了，可是我喜欢上了足球。它锻炼了我的身体，也让我学会了做事情要齐心协力。我和妈妈已经向爸爸宣战，我们会多多练习，下次凭实力赢过他。家庭足球赛，让我更爱我的家！

◆ 策略二：利用资源，捕捉机会，让运动成为生活的一部分

首先，家长要为孩子的运动创造物质条件，购买球拍、跳绳、小足球等运动器材，让孩子多多锻炼身体，把兴趣爱好转化为稳定的生活习惯。其次，家长要善于利用家庭内外的运动资源，促进孩子运动习惯的养成。小区里有运动设施的，家长可以带着孩子利用器械锻炼；如果住在高层，可以和孩子一起来个爬楼梯比赛。家长还可以见缝插针，合理安排运动时间，早晨起床后带孩子跑几圈；学习累了，可以领着孩子到户外散散步；周末，可以组织孩子和伙伴一起在草坪上跑跑、跳跳、玩玩，感受大自然的美好。家长可以和孩子一起做些运动，孩子一定会很开心，慢慢地，孩子也会主动走出家门去户外参加运动，而不会总是宅在家里看电视和打游戏了。

◆ 策略三：科学规划，循序渐进，让孩子寻找喜欢的运动

不同的运动项目对身体的影响各有侧重。有些运动主要是锻炼孩子

的心肺功能；有些运动主要促进孩子的骨骼或肌肉的生长；有些运动侧重发展孩子的柔韧性；有些运动则对增进孩子的协调性或平衡能力有益处。父母应懂得从平时的生活中发现、培养孩子的运动兴趣，根据孩子的身体特点，引导孩子选择一项适合的运动。在引导孩子选择喜欢的运动时，家长们不能只想着这项运动对孩子是否“有用”，而是要从孩子意愿和个性出发，并鼓励和支持孩子坚持下去，告诉孩子干什么都要有始而终，不能三天打鱼两天晒网，只要坚持就会有收获。家长要帮助孩子有效地规划学习、运动的时间，引导孩子根据计划进行锻炼。

根据一年级孩子的特点，家长们可以设计家庭锻炼运动表。每天一练，精准科学，简单易行，坚持下来能提升孩子体质，增强免疫力。家长们应注意在每次练习时提醒孩子做好热身准备活动，并帮助孩子们选择好练习场地，也可以参与进去，进行亲子互动。家长们可借鉴下面的周运动计划表，对孩子进行指导，让孩子循序渐进练习。

一年级家庭周运动计划表

<table>
<tr><th rowspan="2">内容</th><th colspan="7">星期</th></tr>
<tr><th>星期一</th><th>星期二</th><th>星期三</th><th>星期四</th><th>星期五</th><th>星期六</th><th>星期天</th></tr>
<tr><td>力量</td><td>原地双脚分并腿跳（30～50次）2组</td><td>双手卧撑（30秒～1分钟）2组</td><td>原地双脚分并腿跳（30～50次）2组</td><td>双手卧撑（30秒～1分钟）2组</td><td>原地双脚分并腿跳(30～50次)2组</td><td rowspan="3">在家长陪同下进行亲子运动，注意安全</td><td rowspan="3">孩子根据自己的爱好选择运动项目，注意安全</td></tr>
<tr><td>耐力</td><td colspan="5">一分钟跳绳（70～100次）2组</td></tr>
<tr><td>柔韧</td><td colspan="5">坐位体前屈3分钟</td></tr>
<tr><td>自选</td><td>篮球球性练习</td><td>足球球性练习</td><td>篮球球性练习</td><td>足球球性练习</td><td>篮球球性练习</td><td></td><td></td></tr>
<tr><td>目标和要求</td><td colspan="7">1. 孩子可根据自己的运动能力，适当增加运动强度
2. 孩子可以请家长进行配合和督促，并注意放松练习
3. 篮球球性练习可以是拍球和抛接球，足球球性练习可以以拉球、踩球和盘球为主
4. 坐位体前屈最低优秀指标：13.0厘米（男），16.0厘米（女）
5. 一分钟跳短绳最低优秀指标：99个/分钟（男），103个/分钟（女）</td></tr>
</table>

家长还应鼓励孩子多参加学校和班级举行的体育活动，告诉孩子

不要过分在意结果，重在参与，让孩子体会到团体精神，体会到和伙伴们共同努力、共同分享的快乐。这样孩子不仅会喜欢上运动，而且也收获了自信，锻炼了意志。

注意安全
——让孩子学会自我保护

案例分析

浩浩是个天不怕地不怕，什么都想尝试、什么都想体验一下的男孩。爷爷奶奶把他捧在手心，怕他摔了，爸爸妈妈不离他左右，就怕他碰着了。每天把他送进校园，都是千叮咛万嘱咐“你要注意安全”，可是最让大家担心的事情还是发生了。

那天，浩浩妈妈接到班主任李老师的电话：“课间浩浩和子严在操场上玩游戏，一个三年级的学生飞跑过来，猛地撞到两人。浩浩还没有反应过来就摔倒了，牙齿正好磕在地上，流血了。”接到电话，浩浩妈妈心急火燎地赶到学校，把浩浩送到了医院，爷爷奶奶和爸爸也焦急地赶到医院。医生看了看牙片说：“孩子牙齿因为冲击力太大，已经断了。”“这真是飞来横祸啊！浩浩的门牙是新换的呀！”

近年来，像浩浩这样的安全事故频频发生。众多安全事故报告指出，除不可预见的自然灾害和人力不可抗拒的重大事故外，约有45%的事故是因学生安全意识不足而发生的，而约有80%的非正常死亡本可以通过预防措施和应急处理避免。为何安全事故频发？究其原因如下：

1. 家长对孩子的过度保护

一些家长总认为孩子年龄尚小，就像浩浩的家人那样，把孩子视为掌上明珠，总是小心翼翼、时时刻刻对孩子严加保护，凡事都包办代替，小心谨慎，导致孩子缺乏自我保护的意识和能力，当真正面临危险时，孩子毫无自护能力。

>>> 2. 家长缺乏正确引导方式

一些家长急于望子成龙、望女成凤，不想让孩子输在起跑线上，所以为孩子报各种兴趣辅导班，却偏偏在最重要的安全教育上缺乏正确的引导，喜欢空洞的说教，缺少具体可操作的指导。比如，家长总是唠唠叨叨地提醒孩子放学要早点回家，小心坏人，但这些话比较抽象，孩子根本不知道怎样的人才算坏人。有些家长则是通常在孩子出事之后，才来充当“救火队员”的角色，安全教育无法匹配孩子的需求，导致了一些悲剧的发生。

>>> 3. 安全教育缺少系统经验

当前我国还没有健全的公共安全教育体系，许多家长的安全教育知识通常是来自自身有限的生活实践，有些甚至是道听途说。育人者自身尚不具备全面科学的安全知识和自我保护能力，因而在教育孩子时显得力不从心。根据教育部《中小学公共安全教育指导纲要》要求，家长应加强自我学习，并引导孩子掌握以下方面的自我保护能力。

①社会安全：了解社会安全类突发事故的危险和危害；了解并遵守各种公共场所活动的安全常识；认识与陌生人交往中应注意的安全问题，逐步形成基本的自我保护意识。

②公共卫生安全：了解基本公共卫生和饮食卫生的常识；了解常见的肠道和呼吸道疾病的预防常识，养成良好的个人卫生和健康行为及饮食习惯。

③意外伤害：了解出行时道路交通安全常识；识别各种危险的标志；学习家用电器、煤气、刀具等日常用品的安全使用方法；初步具备使用电梯、索道、游乐设施等特种设备的安全意识；初步学会在事故灾害事件中自我保护和求助、求生的简单技能；学会正确使用和拨打110、119、120电话。

④自然灾害：了解学校所在地区和生活环境中可能发生的自然灾害

及其危险性；学会躲避自然灾害引发危险的简单方法。

⑤校园安全：与同学、老师友好相处，不打架；初步形成避免在活动、游戏中造成误伤的意识；学习当发生冲突事件时，听从成人安排或者利用现有条件有效保护自己的方法。

了解孩子

警惕带来安全，麻痹引发事故。家长需要了解这个年龄段的孩子易发生安全事故的原因。

一、肢体协调能力差，应变能力不够

一年级儿童的肌肉未完全发育，他们的肢体协调能力还不够完善，在奔跑和游戏中往往会顾此失彼。课间十分钟是一年级孩子安全事故的高发时段，主要有三种情况。第一种是拥挤伤害。这种伤害主要发生在教室门口或上下楼梯时。学生大量聚集到这些地方，拥挤现象很难避免。一旦有孩子失足跌倒，就极有可能造成事故，甚至会出现危及孩子生命的情况。第二种是追逐伤害。一年级孩子精力旺盛，喜欢奔跑，尤其是男孩子，经常会因为一些小事而追逐打闹，在追逐过程中，因跑的速度快，关注不到四周情况，容易撞到同学，自己也容易摔倒受伤。第三种是游戏伤害。一些孩子玩的游戏本身存在着安全隐患，如背着同学玩骑马，拿着伞当武器，拖着衣角飞快跑，等等，加上游戏的地点常常是在教室、走廊等比较狭窄的地方或是没有塑胶保护的地面，孩子在玩的过程中就会出现受伤的情况。

二、生活经验少，缺乏分析判断能力

一年级的孩子年幼无知，没有阅历和经验，他们不知道什么事情能做，什么事情不能做；什么地方能去，什么地方不能去；什么东西能玩，

什么东西不能玩；哪些游戏有危险，哪些游戏没有安全隐患。铅笔、橡皮、尺子、文具盒成了一些孩子的玩具；下雨时，雨伞就成了打闹的武器。危险就藏在这些新奇的玩法中，孩子们却全然不知。生活中父母替孩子代劳的事情太多，使得孩子认为世界总是安全可靠、毫无困难的，意识不到危险，无法判断危险，安全意识淡薄，常会做出令人难以理解的“蠢事”。

三、好奇心强，缺少自我保护方法

入学前，孩子的主导活动是玩，他们常常做游戏。入学后，主导活动是学，生活重心发生重大变化。但刚上小学的孩子依然是贪玩的，且活泼好动，对这个五彩缤纷的世界充满好奇，从而可能无法避免来自不同方面的伤害。他们刚接触小学校园，什么都想体验一下，感受一下，特别想独立，对于老师、父母禁止的事情，他们也会抱有好奇心，有时还偏偏想去做一些危险的尝试。他们对于可能出现的一些后果无法预知，没有自我保护的方法，没有系统学习相关的安全自护常识，所以遇到危险时经常是束手无策。

那么，在日常生活中，孩子对安全的认知是怎样的呢？我们来听听他们的心声：

1. 课间我需要玩耍

小学校园里没有幼儿园那样的滑梯和游乐设施，课间休息时我和同学们就追逐打闹，背着同学骑大马，拽着同学的衣角“开火车”，不是很有意思吗？下雨时，我们没有游戏做，雨伞就成了我们男孩的“武器”，女孩子则喜欢去玩水。这就是我们的课间游戏啊，哪有什么不安全啊！

2. 我不是故意的

上小学了，老师不让我们带玩具到学校，所以铅笔、橡皮、尺子、文具盒就成了我的玩具。我不是故意用铅笔扎伤同学的，我不知道后果会这么严重；我也不是故意把自动铅笔盖吞下去的，这只是意外……

3. 不会有什么危险的

妈妈，我只是想去同学家看一看，玩一玩，有什么危险的？我现在不是好好的吗？爸爸，我只是想从车子下面捡回我最心爱的玩具，你不用这么大惊小怪的。爷爷，我和小刚只是在上铺玩玩游戏而已，不会有事的。奶奶，我就是在和同学玩捉迷藏，你不用这么着急。

实施指南

美国著名心理学家马斯洛曾说："除了空气与水，安全是人类的第一需求，甚至比爱和被爱更为迫切。"孩子的安全健康关系着每一个家庭的幸福，所以安全教育不仅仅是学校的事，更是家长的重要责任。父母一定要有很明晰的安全意识，运用多种方法培养孩子安全意识，教会孩子冷静应对伤害。家长还可以与学校紧密配合，加强和教师的沟通，引导孩子学会自我保护。这样能让孩子高高兴兴上学去，平平安安回家来。以下实施策略推荐给家长们。

◆ 策略一：安全教育重引导和多训练

如果父母是习惯闯红灯的人，那么又怎么能够希望孩子会乖乖遵守交通规则呢？所以父母想要让孩子具备安全意识，那么首先就要以身作则，好好地引导。其次，一年级学生年龄尚小，家长对其进行安全教育时要求要细，操作性要强，不能太笼统，要让孩子一听就懂，知道如何做。再次，家长要多训练，对孩子提出了一些具体的安全要求后，父母如果不进行扎实有效的训练，就等于是一句空话。最好的办法是给孩子演示各种情况，再帮助孩子一遍又一遍地练习，直到孩子完全掌握这些安全技能。同时，家长督促要勤，一年级孩子耐性较低，因此，培养孩子的安全意识需要反复督促，这是一项长期的、艰苦的任务。最后，家校联系要密切。学生安全意识的培养，需要家长和学校的配合，如果家长发现了问题，一定要及时地与老师联系沟通，有的放矢，双管齐下地培养孩子的安全意识，效果势必显著得多。

◆ 策略二：借助书籍和网站的力量

美国故事家吉姆认为，故事能够打开那些直接教育无法触及的区域，无论是成人还是儿童，都可以从故事中找到解决自己问题的办法。一年级孩子一般喜欢图文并茂的绘本，父母在向孩子进行安全知识引导时，可以借助这些书籍来学习。家长也可以根据孩子的喜好选择健康、优秀的网站，和孩子一起学习安全知识，观看安全教育视频，让孩子心中有一条“安全红线”。

◆ 策略三：做些安全教育小游戏和情景模拟

孩子安全意识的培养和安全自护自救知识的学习，主要还是靠家庭。家长应时刻注意，可以将安全知识通过生活的方方面面传授渗透给孩子，逐步增强孩子的安全意识。而且安全无小事，安全教育应从细节做起，细水长流。家长可以通过“找娃娃”“我家住在哪里”等游戏，来教育孩子不要随意离开集体，要和大家在一起；可利用角色扮演游戏

“红绿灯”，让孩子了解交通规则，不能在马路上玩耍，避免交通事故的发生。通过游戏的方式告诉孩子哪些行为不能做，哪些事物是危险的不能碰，如果做了会产生什么样的后果，等等，这样不仅可以提高孩子的反应能力，还能增强孩子的自护技能。

当孩子没有意识到事情的危险性时，孩子可能会去尝试。父母不妨在家进行一些情景模拟，让孩子意识到红领巾不能勒脖子、笔尖不能对着人、玩火会受伤、触碰刀具会流血等具体事情的危险。孩子认识到这些事情的危险性，在校就自然会注意。

爸爸：“中国每年失踪儿童数据惊人。在上学放学的路上、公园、超市、游乐场，如果你和爸爸妈妈走失了，你怎么办？当你需要帮助时，你要向谁求助？”

孩子：“我可以站在原地不动，等待父母，不大哭，不高声呼喊爸爸妈妈，不惊慌地四处乱找爸爸妈妈。我可以就近求助警察、保安、教师，或者穿制服的工作人员，不向陌生的路人问路或借电话。”

爸爸：“你做得非常好！同时，如果你走失了，爸爸妈妈也会第一时间找你。如果是在公园、超市、游乐场这些地方，我会立即到服务台进行寻人广播，广播十分钟没找到会马上寻求帮助多向搜索。如果过了半小时还没有找到就会立即报警。如果在上下学路上走失，我会第一时间和老师、同学取得联系，如果仍未有线索就报警。所以你一定不要慌，走失时先保护好自己。”

◆ 策略四：教给孩子系统的安全知识和自护方法

安全知识不是卷面的考试，它和现实生活息息相关。家长不能让孩子由于“无知”而出现意外，更不能让孩子在真正面对危险时束手无措。家长要把培养孩子的安全意识切实融入孩子的生活之中，多教孩子一些安全小知识和生存技能，丰富孩子的生活经验。可以让他们在情境中锻炼摸索，做到防微杜渐。

家长还可以教给孩子一些紧急处理的办法，如烧烫伤、鱼刺卡咽喉、被咬伤、灰尘入眼、跌伤扭伤等情况应怎样处理，这些都是家长可以教给孩子的自护本领。家长还可以教给孩子一些逃生自救的知识。如被困在失火的房屋里，应立即用浸湿的毛巾、衣物捂住口鼻，猫腰沿着安全通道撤离火灾现场，不可选择乘坐电梯或盲目跳窗逃离。若遇上地震，要迅速钻到桌下、床下，用被子、枕头等护住头部。等停止震动时，要赶紧跑出房屋，跑到开阔的地带去。还有如怎样预防和救护食物中毒、煤气中毒、药品中毒，看到坏人捣乱、行窃怎样对付，在摔倒的瞬间如何保护身体，等等。

生命是美好的，生活是多姿多彩的，而拥有这一切的前提是安全。所以家长一定要加强对孩子的安全教育，运用多种方法培养孩子的安全意识，增强自我防范能力，为孩子创造良好的成长环境，让孩子安全走向灿烂的明天！

延伸拓展

一、阅读推荐

>> 1.《吃饭的秘密！儿童健康饮食绘本》(全5册)(作者：[日]岩间范子主编，[日]山本省三文，[日]山高真纪子图，王成昆译；出版单位：陕西人民教育出版社)

理由及建议：这是一套专为儿童编写的健康饮食知识绘本，对家长来说，也是一套非常好的健康饮食指南。这套书用多种颜色区分各册，帮助孩子建立健康的饮食观念，培养孩子良好的饮食习惯，呵护孩子健康成长。孩子可以很容易地从书中了解哪些食物可以促进牙齿生长，哪些食物可以让自己更有体力，哪些食物可以为身体提供各种维生素和矿物质。这套绘本向孩子介绍怎样吃饭才营养，用可爱俏皮的画风分册介绍了“红色食物”“黄色食物”“绿色食物”，以及盐和水的营养价值，让孩子在趣味阅读中明白健康饮食的重要性。

› ›› 2.《红袋鼠安全教育读本：会保护自己的红袋鼠》(套装上下册)(作者：高洪波等著，赵晓宇等绘；出版单位：中国少年儿童出版社)

理由及建议：这套书结合实际开展安全教育，它通过一个个生动的自护小故事，潜移默化地让孩子去领悟自我保护的重要性，是为3～7岁的孩子量身打造的、适合亲子共读的安全自护教材。

› ›› 3.《魔术师威利》(作者：[英]安东尼·布朗文/图，崔维燕译；出版单位：二十一世纪出版社)

理由及建议：威利喜欢踢足球，梦想成为球星。可是他没有球鞋，所以他一直没有被选进球队。有一天晚上，他遇到一个神秘的陌生人，他的运气也从此改变了……绘本大师安东尼·布朗用自己的画笔为威利打开了一扇心灵的窗户，使威利找到了真实且强大的自我。

二、视频推荐

› ›› 《小学生安全教育》动画片

理由及建议：该系列动画片用各种生动形象的卡通人物具体介绍了小学生在校的安全常识。

评估改进

一、自我评估

亲爱的家长，您好！您家里的实际情况与下面列出的表现是否相符？若相符，则选“是”；若不相符，则选“否”。

	是	否
① 您的孩子是否按时吃早餐？	□	□

	是	否
② 您家的饮食是否保证了营养均衡？	□	□
③ 您家庭的就餐气氛是否和谐融洽？	□	□
④ 您的孩子是否有良好的饮食就餐习惯？	□	□
⑤ 您的孩子是否喜欢吃您做的食物？	□	□
⑥ 您是否会控制孩子的零食摄入量？	□	□
⑦ 您的孩子是否曾参与食物制作的过程？	□	□
⑧ 您是否会每天抽出一些时间和孩子一起运动？	□	□
⑨ 您是否会购买运动器材，帮助孩子增强运动锻炼的能力？	□	□
⑩ 您和孩子是否经常去运动场所运动？	□	□
⑪ 您与孩子是否经常一起进行登山、远足等户外运动或一起旅行？	□	□
⑫ 您的孩子是否能有效规划学习和运动的时间？	□	□
⑬ 您的孩子是否有一项自己喜欢的运动？	□	□
⑭ 您是否会鼓励孩子积极参加社区、学校和班级举行的各种体育活动？		
⑮ 您在平时的生活中是否会对孩子进行安全教育？	□	□
⑯ 您是否经常和孩子一起阅读安全故事，讲述与安全相关的案例？	□	□
⑰ 您是否会和孩子一起观看安全教育视频？	□	□
⑱ 您是否和孩子做过安全情境的模拟？	□	□
⑲ 您家是否有安全小贴士？	□	□
⑳ 您是否引导孩子玩健康而有趣的游戏？	□	□
㉑ 您是否系统学习过关于儿童安全方面的知识？	□	□

【评估参考】

①第1～7题：若您选择“是”较多，说明您关注到了孩子的饮食

健康和良好生活习惯的养成，注重合理的膳食结构安排；反之则说明您对孩子的饮食关注不够，膳食安排不够科学合理。

②第8～14题：若您选择“是”较多，说明您重视孩子的运动和锻炼，善于利用身边资源指导孩子养成运动的习惯；反之则说明您对孩子运动规划指导较少，需要重视孩子的运动锻炼。

③第15～21题：若您选择“是”较多，说明您重视对孩子安全意识的培养，并运用了多种方法对孩子进行安全教育；反之则说明您对孩子的安全教育重视不够或教育的形式比较单一，对孩子的安全教育针对性不强。

二、改进计划

亲爱的家长，您好。阅读本专题后，您应该对如何引导孩子健康饮食、爱上运动、学会自我保护等方面有了更全面的认识。下面请您结合实际，写出自己的改进计划，并逐项完成。

第六专题 如何处理好家校关系

大部分一年级的孩子面对新的环境、新的伙伴、新的老师、新的学习方式时，并没有做好准备。好玩、好奇仍是他们这个年龄段的特点。有些孩子在心理上还没有“断奶”，他们依赖父母，自我约束力不够，价值观未形成，对学习的概念认识不清。他们需要老师的关爱，更需要家长的帮助，帮助他们建立规则意识，让他们自觉遵守学校的各项规章制度。

学校教育是为孩子提供一个可以向上发展的平台，但如果没有家庭教育作为基底，平台便难以搭建。家庭教育和学校教育密切关注孩子，共同育人，是孩子成功的重要保障。反观当下的家校共育，还存在着很多问题和障碍，影响着教师和父母的联结，影响孩子的健康成长。

学校和家庭互相配合的程度，影响着孩子的成长和发展。相互尊重、相互包容，家校合作协同育人，才能达到“1+1>2”的效果。关注孩子规则意识的培养、情感的交流、关于学习目的的探讨等，都能在教师与家长之间架起一座心意相通的桥梁。本专题将诊断家庭教育中存在的问题，疏通家校共育不同步、不合拍的堵点，整合家校共育的优势，助力孩子健康成长。

相信学校
——遵守学校的规则

案例分析

上了一个学期的学，轩轩还是适应不了小学生活，吵着闹着不想上学。

爸爸妈妈每天清早叫轩轩起床，轩轩都闹着别扭说：“在学校上课的时候要在凳子上坐好久，不能想去哪就去哪。”爸爸妈妈一边给轩轩穿衣服，一边做思想工作。他们没想到，让孩子起床去学校这样看起来稀松平常的事情实践起来居然会这么困难。

匆忙赶到学校，轩轩又吵着闹着不愿意进校门，爸爸只好打电话请老师来门口领轩轩去教室，并多次向老师保证会管教好轩轩。

中午放学，轩轩抱怨学校的早餐不爱吃。爸爸听了，心疼孩子，赶紧下楼给孩子买了蛋糕、牛奶。轩轩妈妈因为孩子无法适应小学也很焦虑，常常在孩子耳边苦口婆心地劝，要求轩轩在学校要遵守规定，回家以后再给孩子特别的补偿。可是就算家里人使尽了浑身解数，轩轩还是无法适应小学生活。

有许多家长都为孩子适应不了一年级而头疼，轩轩就是其中的典型例子。对于学校的规定，轩轩内心无法接受，也无法遵守。

像轩轩这样6～7岁的孩子虽然有一定的自我管理意识，但是总的来说自我控制力还处于较弱的水平，最主要的体现就是没有纪律性，没有规则意识，时间一长容易懒散、娇气、任性，这会给孩子在今后的学习和生活中带来不良的影响。而造成孩子难以适应学校规则的原因大致可以归结为以下几个方面。

1. 家长思想并未及时扭转

苏联教育家马卡连柯指出："所谓有纪律，正是一个人能够愉快地去做自己所不喜欢的事情，这是非常重要的纪律原则。"小学里的规则和幼儿园有很大的不同。面对孩子所处教育环境的变化，家长应该及时转变思想。小学里有相对于幼儿园来说更严格的制度和纪律，如要求孩子统一着装、按时到校等。家长应该积极地引导孩子明白适应规则的好处，而非寄全部希望于学校一方来教育孩子学会遵守规则。

2. 受家庭教养方式影响

每个家庭都有自己的教养方式，这对孩子的学习与成长都有着十分重要的作用。对于孩子难以适应学校规则的情况，不同教养类型的家长会有不同的应对方式。权威型的家长看到孩子不听话，还总惹事，太烦人，会觉得恨铁不成钢，打一顿就听话了。放任式的家长则认为孩子对陌生环境比较紧张其实没什么好担心的，时间久了孩子自然会适应，家长不需要操心太多。其实，当家长感觉到孩子因不能适应学校生活而产生情绪方面的困扰时，最重要的是及时关心孩子，通过心理疏导帮助孩子走出情绪困境，顺利地适应学校生活。

3. 孩子自身思维发展特点

孩子在此阶段思维的基本特征是以自我为中心，也就是习惯站在自己的角度去看待世界，很难考虑到别人是如何看待事物的。因此孩子或许很难理解自己为什么要遵守规则，以及不遵守规则会带来怎样的后果。这就需要家长及时干预，帮助孩子适应学校规则，帮助孩子了解并遵守行为准则和规范。

总的来说，无论是哪种原因，在孩子不适应学校规则的背后，我们能看到家庭因素的影响，毕竟家庭教育在孩子的成长过程中起到不可或缺的作用。家长在孩子进入学校的初期，应花更多的时间关注孩子心理和外在行为的变化，多进行沟通引导，帮助孩子适应学校的要求。

了解孩子

我国杰出的儿童心理学家、儿童教育专家、现代家庭教育理论与实践的开创者陈鹤琴说：“幼稚期（从出生到7岁）是人生最重要的一个时期，它将决定儿童的人格和性格；人一生的习惯、言语、技能、思想、态度和情绪都要在此时期打了一个基础……这个时期是发展智能、学习言语最快时期，是道德习惯养成最易时期（即最佳期）。”如果家长能正视孩子适应学校规则的问题，并给予针对性的引导，这对孩子快速适应学校，乃至帮助孩子快速提升其他能力都有着重大的帮助。因此，需要家长更深一步地了解孩子的心理。

一、对父母支持的渴望大于对规则的敬畏

从陈鹤琴先生的论述中，我们可以了解到，7岁对于一个孩子来说，是成长过程中的关键时期。如果我们仔细去观察7岁左右的孩子，会发现孩子成长了许多。

对于六七岁的孩子来讲，他们更加愿意去探索外面的世界，他们越来越适应学校的生活，他们学会了许多新的技能，在生活的许多方面都能够独立了。但是他们毕竟还是孩子。在处理日常生活的困难时，六七岁的孩子仍然需要家庭的大力支持。

六七岁的孩子外表的变化是显而易见的，但是有些内在的变化却不容易被发现。他们生长得特别的快，从原先幼稚的模样已经变得越来越强壮。这个时期的孩子正在发展协调平衡的能力，学习书写和绘画等精细运动，能以惊人的速度积累知识和信息，包括社交和智能方面都有各种丰富的体验和快速的发展。事实上，所有这些变化都可能伴随着紧张和压力，这就需要父母去敏锐地觉察并给予支持。这个年纪的孩子，最需要的就是父母充分的理解和鼓励，这可以帮助他们在遇到困难的时候能够坚持下去。假如缺少父母的支持，孩子的自信心和成就感将大打折扣，甚至陷入迷茫，无法适应小学的生活，同时也因为自己处在学校和家庭都不关心的“灰色区域”而感到困扰、无助。

二、孩子自我约束能力亟待提高

在幼儿园阶段，由于课堂教学不涉及考试，孩子没有学业负担，老师也不会严格要求孩子端坐静听。但是进入小学后，老师在教学的过程中会要求学生必须要坐好，不能随意乱动。很多孩子在上小学前没有建立起良好的秩序感，也不懂何为纪律，更无法保持长时间的注意力集中，结果就会表现出上课爱动，注意力保持时间过短的情况。秩序感差还体现在队列纪律方面。如果站在校园门口看孩子们上体育课，或者放学时孩子们在校园里列队往校门走的过程，大家可能会发现队伍秩序非常糟糕，需要老师不停地喊，不停地把个别总往队伍外面跑的孩子拉回队伍里。有些乘坐公交车回家的孩子也会像小鸟一样，在公交车里随意说笑，打打闹闹。在参加公共场合的活动时，孩子也大都不顾及公共秩序，不会保持安静，有说有笑，这动动，那摸摸，完全不会顾及周围人怎么看，会不会影响他人的心情。在家里也常会看到孩子该吃饭时仍在玩儿，或者吃饭时边吃边玩儿，在起床时磨磨蹭蹭，在写作业时不催促不到书桌边等情况。

不少家长不懂家庭教育，自身也没有良好的秩序感，没有在幼儿园阶段就把注意力放在培养孩子秩序感上，等到小学老师反映孩子上课爱动、不遵守纪律的问题时，才开始着急，试着寻找解决的办法。

三、孩子缺乏规则意识，是非判断仍在发展

六七岁的孩子处理现实问题的能力已经得到了很好的发展。这一年龄段的孩子已经开始学习分辨对错，这一点是非常重要的。

但遗憾的是，很多父母是非判断意识非常淡薄，常把一些潜规则、不良风气当成是很自然的事，不仅自己难于从其中抽身而出，而且还盲目从众，号召遵从所谓“自由教育”。这样做很难让孩子从小就养成敏锐的是非判断能力。

孩子渴望得到信任和支持，渴望做最出色的自己，光学会是非判断还不行，还要在礼貌、感恩、孝顺、友善、宽容、接纳、助人等方面接受教育和培养，这样才能健康成长。

六七岁的孩子心理发展非常快，如果家长能结合这个年龄段孩子

的心理特点进行教育和培养，那么在下一年就可能看到孩子的问题会明显减少。但如果孩子问题表现得尤为突出，那么家长需要认真进行自我评价和分析，看看是育儿能力跟不上，还是家庭教育环境需要改善。因为孩子不是生活在真空里，而是与社会环境密切联系的。尤其是学校的规则教育，如果家长不配合学校，孩子在接收到家长行为所释放的信号后，可能会同样表现出对学校的不信任，最终会导致学校的教育效果大打折扣。

对于无法适应学校规则的孩子，他们的心里都有哪些想法呢？也许我们可以听听他们的心声：

1. 迟到被批评了，很没面子

我已经上小学了，可是我每天都会赖床，而且还经常磨蹭，所以很晚才出门。一路上我都很担心迟到会让班级被扣分。每次迟到连累班级被扣分的时候，老师都会批评我，还扣掉我一朵小红花。其他同学的小红花越来越多，只有我的越来越少。下课了，同学都在数自己的小红花，问我有几朵的时候，就我的小红花最少，好不开心呀。

2. 我也希望得到表扬

我每次在课堂上随意走动被老师批评的时候都觉得很难过。以前在幼儿园，我想去哪就去哪，为什么上了小学就一定要老老实实地坐在凳子上呢？每次妈妈听到老师说我随意离开座位的时候就会特别地生气，爸爸有时也会来批评我。上了小学认识了更多的朋友，我很开心，可是为什么我被老师和爸爸妈妈批评的次数更多了呢？以前幼儿园老师都会夸我，要是我们的小学老师也能像幼儿园老师那样多夸夸我就好了。

3. 学校的规则真的有那么重要吗

小时候，我经常做幼儿园里的小主持人，还上过电视，我会要求爸爸妈妈每天都把我打扮得帅气。上小学后，学校要求穿统一的校服，戴红领巾，每个人都要穿一样的衣服和鞋子，不可以搞特殊。我实在是无法适应。更让我不理解的是，明明爸爸妈妈也认为校服不好看，为什么还要强迫我和同学们一样统一着装呢？学校的规则真的有这么重要吗？我不可以继续做我喜欢做的事，穿自己喜欢的衣服吗？为什么一定要和大家一样呢？

从以上孩子的想法中，我们可以感受到，家长是否信任学校，能否教育孩子遵守学校规则，将会带给孩子不一样的影响。在对孩子的教育中，家长应该配合学校工作，使家庭教育和学校教育的方向一致。

实施指南

儿童心理学奠基之作《孩子：挑战》一书中写道："孩子必须体会秩序和规则是自由的一部分，如果不守秩序，所有人的自由都会受到影响。"那么，我们家长该如何对孩子进行规则教育？

◆ 策略一：转变观念——重新认识规则、重视规则

规则教育很多时候不仅仅是为了维护学校秩序，更是为了让孩子更好地融入学校。规则意识强的人，自律性也较强。培养孩子认识规则、重视规则，可以通过一些亲子互动游戏让孩子自己制定规则。

亲子互动游戏：自编“校园大富翁”益智棋

活动目标：让孩子了解规则的作用，学会自己制定规则。

活动准备：全开白纸笔一张、24色马克笔一套、B6卡纸若干、骰子。

活动过程：

父母与孩子一起将全开白纸铺开，根据孩子的喜好画出棋子走向的路径，并在路径上绘制大小不一的格子。

接着，父母告诉孩子这是校园里的场景，鼓励孩子在不同的格子上设计奖惩规则。父母可以先设置规则，孩子在示范后自己思考进行创作，父母再相应补充。

奖励机制可以是积分累计，如棋子走到第一格，格子上绘制“主动向老师问好，加3分”，最后累计积分最多的玩家获胜。也可以是实物奖励，如棋子走到第六格，格子上绘制“上下楼梯能有序排队靠右走，奖励一支铅笔”。孩子既能认识学校里不同的规则，还能获得学习用品的奖励，积极性也被调动起来了。

惩罚措施可以针对棋盘本身，如棋子走到第三格，格子上绘制“在校园内乱扔垃圾，退回到起点”，则棋子将从起点重新开始。也可以针对日常生活，如棋子走到第十二格，格子上绘制“在课桌上乱涂乱画，请进行一次清洁打扫工作”，则玩家需要承担家里的一次打扫卫生的工作。

制定好规则以后，父母和孩子一起玩一玩这个“校园大富翁”游戏，比一比谁能拿到的奖励或积分多。

这类的亲子互动游戏与孩子的学校生活关系密切，能让孩子在制定规则中反复回忆学校的规则，明白学校的这些规则能维护校园秩序。

家长从接受学校的规则做起，再慢慢过渡到相信学校，相信家庭教育和学校教育并不是处在对立面，而是共同促进，帮助孩子更好地成长，树立孩子的学习信心，让孩子成为一个遵守规则的人。规则教育，是给孩子最好的保护伞。爱孩子与守规矩从来都不对立，二者共同成就孩子美好的前程。

◆ 策略二：从家长做起——在日常生活中渗透规则

父母是孩子的第一任“老师”，也是孩子们优先模仿的对象。例如，学校要求学生上学不要迟到，家长就不要因为自己贪睡导致送孩子上学迟到；假期老师布置的实践任务，家长们在监督孩子完成时也应该按照老师的要求，不要给孩子“开绿灯”。家庭生活中的规则，包括吃穿住行，家长都应走在孩子前面，让孩子知道爸爸妈妈很重视遵守规则。家庭、学校的规则同步遵守，孩子才可能真正学会遵守规则。父母可以在日常情境中渗透规则意识，在不同的场合引导孩子理解学校规则的作用。

> >> 1. 交通规则与学校规则的联系

家长可以与孩子一起了解马路上行人行走的规则，把“行走时靠右走”的规则与学校中“如果遇到上下楼梯时人流交汇，应该向右避让”的规则联系起来，从而让学校的师生能快速有序通过楼道。

> >> 2. 公共场所规则与学校规则的联系

在公共场所如公车、地铁、医院、银行网点时，和孩子一起对比人们说话的音量，引导孩子了解“公共场所不能大声喧哗”这一规则。将上述规则与学校的相关场所关联，引出校园内老师办公室、校医室、室内体育馆、阅览室也应该遵守规则，控制音量。

> >> 3. 家庭规则与学校规则的联系

孩子在家庭生活中有了规则意识的积累之后，家长可以引导孩子把家庭规则与学校规则联系起来。比如最常见的物品摆放规则，衣柜、书柜、橱柜按从大到小、从高到低来排列，这是为了拿取的方便。联系学校规则，孩子自己的书包、课桌抽屉如果也按这样的规则摆放，在做课前准备和交作业时就会更加省时省力。

帮助孩子遵守学校规则，不宜空谈和简单罗列出规则，而是联系生活实际引导孩子。每个家长都应该教育孩子做生活的观察者，规则是互通的，正因为日常生活中存在着这些规则，我们的生活才得以有序。所以在学校中，也应遵守学校的规章制度，维护好学校的公共秩序。

◆ 策略三：及时强化——正面引导强化规则

家长应在学校规则的指引下，结合孩子的年龄特点和生活实际，让孩子懂得规则可以通过努力学习去掌握。在心理学中，正强化指的是任何导致我们以后进行该行为的可能性增加的结果。当孩子经过长时间努力做到了遵守某项规则时，家长需要配合学校，通过不同形式的活动进行正强化，给孩子以奖励，提升孩子的成就感、愉悦感，促进孩子遵守规则的习惯养成。

在活动中，家长尽可能地避免单纯描述孩子做了什么。“你真棒”“我为你骄傲”“你真厉害”等话语尽量不说，而是将目光放在孩子参与活动的过程上，描述孩子做了什么正确的事情。如“我看到你主动捡起地上的废纸，这让我很开心”“你看到好朋友采摘花草，能及时劝阻，你是个遵守规则的好孩子”“你今天起床特别自觉，能自己收拾书包，我为你感到骄傲”。这可以增强孩子对遵守规则的信心、兴趣和乐趣。

家长要更尊重和更支持孩子，不是对他们的行为做价值判断，如“你今天有没有在学校被批评？”而是询问有关其行为过程的问题，如“今天上课老师讲了哪些知识，你能教一教爸爸妈妈吗?”肯定孩子的主动，并积极提供帮助。

心理学上的皮格马利翁效应，指教育者对教育对象的殷切希望戏剧性地收到预期效果的现象，也就是说热切的期望与赞美能够产生奇迹。所谓热切的期望，是指积极正确的期望暗示，父母对孩子的积极期待能够使孩子的状态随之发生变化，由消极转为积极进取，由自卑转为乐观自信，从而向好的方向发展。

相信老师
——夸夸孩子的老师

案例分析

案例一：对老师反馈的抵触心理

某小学一年级学生王小宝平时比较好动，上课时总喜欢摸摸抽屉，扯扯同桌的小辫子。班主任李老师对他进行了批评教育，但收效甚微，李老师只好把他的表现如实跟家长反映。可王小宝的父母始终置之不理，毫不重视，认为老师小题大做，因此王小宝捉弄别人的坏毛病一直没有改正。有一天，王小宝的文具盒不小心被同桌弄掉在地，同桌还没来得及道歉就已经被他推搡在地。这件事很快被同学反映到了李老师那里。李老师了解了事情经过后，提醒了弄掉王小宝文具盒的孩子以后走路一定要留心，也批评了王小宝不可以冲动行事，事后也跟王小宝妈妈反映王小宝在校和别人发生冲突的事情。但王小宝妈妈在电话里情绪很激动，质问老师是否是因为孩子成绩不好而差别对待，同时还威胁老师，如果孩子在班上被批评而导致自尊心受损，将会去教育局进行投诉。即使老师耐心地再三解释也无济于事。从那以后，老师发现王小宝更是难以管教，甚至还在语言上顶撞老师，越来越厌恶学习。李老师多次找孩子谈话教育，孩子竟然指着李老师说：“我妈妈说你是个坏老师！我妈妈都不批评我，你凭什么批评我！”

案例二：对老师反馈的积极引导

叶儿妈妈接到了班主任刘老师的电话，老师在电话里告诉她，叶儿上课时和同桌说笑话，因为身体晃动幅度太大，椅子撞倒了后面同学的桌子，书本文具撒了一地，导致课堂中断，老师不得不花时间维持纪律，对班级教学影响很大。在听完老师的叙述之后，叶儿妈妈诚心地表达了对老师的感谢："谢谢老师的及时反馈，让我了解到孩子在学校的一些表现。他在课堂上做出这样的事情，确实很不应该，不但影响了老师，还打扰到后排的同学，作为孩子的母亲，我觉得十分抱歉。同时也要麻烦老师代我向那位同学说一声对不起，如果有文具或书本损坏，我会照价赔偿。叶儿现在还没有放学，等晚上回来之后，我会和他好好聊一聊这件事。明天上午我再跟您通一个电话，您看可以吗？"

晚上等叶儿回来之后，叶儿妈妈先和他聊了聊这件事。叶儿很紧张，低着头，不敢看妈妈，叶儿妈妈说："老师说你可能是听课听得太兴奋了，没控制好自己的动作。所以我才想知道当时你到底发生了什么。"叶儿听到老师没有在电话里责备他，悬着的心稍微放松了些，于是他告诉妈妈，当时在听老师讲课时他想起了一个笑话。叶儿妈妈听了叶儿讲笑话后，说："是挺有趣的，难怪你忍不住笑。只是你这一笑，动静实在太大，周围同学可遭殃了。老师还得花上课的时间来处理，这影响了整个班的课堂教学。以后再遇到这样的情况你有什么好方法和建议吗？"叶儿说："我保证以后不会再发生这样的事，如果觉得有意思就把它写下来，下课时再讲给更多同学听。"

和叶儿沟通完后，叶儿妈妈按约定给老师回了电话："叶儿向我们承认了他的错误，也保证以后不会发生这类事情。我和他爸爸也很重视这件事，所以和孩子认真讨论了他目前的学习态度和方法，也向他说明了课堂纪律的重要性。我们一定会在这方面更加关注孩子的行为的。非常感谢老师对孩子的关心，我们会全力配合老师的工作。"叶儿妈妈和老师在相互感谢中结束了这次通话。

案例三：对老师评价要积极正向

宁宁上周在学校被别班同学绊倒在地，碰伤了眼睛，宁宁爸爸去接孩子时，发现孩子整个眼睛是肿的，皮也破了。宁宁的班主任也很内疚，看到宁宁爸爸忙解释道："不好意思宁宁爸爸，他们下课玩得太疯了，我已经批评过那个男同学。"看到孩子受伤，宁宁爸爸也非常心疼，但是他也很理解老师的心情，也知道小孩子玩起来没有什么顾忌，他安慰老师道："没事，小孩子嘛，磕磕碰碰的常有。"回到家，爷爷奶奶看见了，自然不少意见，宁宁妈妈回来看到更是眼泪立马就下来了。吃饭时，三个人不停地批评学校和老师的管理，宁宁爸爸赶忙阻止了他们的谈话。幸好宁宁在房间里休息，真担心他们的话会影响到她，因为这位班主任是宁宁最喜欢的老师之一。

从上述的案例中，我们不难看出家长不一样的处理方式会收到不一样的教育效果。天底下没有不犯错的孩子，孩子在学校犯错被老师批评是再正常不过的事情。但面对老师的批评，孩子在对老师的信任度上分别产生了不同的看法，究其原因可归结为以下几点。

1. 家长对老师态度决定孩子对老师的印象

父母看待事情的态度会决定他们采取行动的方式，也影响着孩子的言行。如果父母不尊重和相信老师，孩子又怎会尊重老师呢？家长支持老师，其实就是在支持自己孩子的成长。老师并不会故意批评孩子或者是针对孩子，肯定是遇到问题了，需要家长配合纠正孩子的学习和行为习惯才跟家长反馈。那么这个时候我们家长就要了解事情的经过，根据老师的反馈，听孩子自己对这件事情的想法，从而做出正确的引导。教育是潜移默化的，需要家长和老师的积极配合，循序渐进地进行引导，这样才能教育出一个善良、正直、勇敢有担当的孩子。

2. 孩子未学会全面客观地认识自己

一年级的孩子已能进行自我评价，也初步学会用道德行为的标准来对自我进行评估。但是如果我们把孩子时刻快乐或者一直得到赞赏作为我们教育的终极目标，一味地给予孩子"蜜糖"，就很容易走上"溺爱"的道路。这种做法的弊端在于，它只是掩盖问题，并没有教会孩子怎样与他人、与世界进行活动，如何面对问题并正视自己的缺点。久而久之，孩子就会形成一种错觉，认为外面的世界是围绕着自己转的，是围绕着自己的要求而建立的。因此，家长必须要结合外部的信息，例如老师的评价、其他孩子的反馈等对孩子做出适合的评价，过高或者过低的评价对于孩子来说可能都是有害的。过高评价易导致孩子自大，过于自我，而过低的评价则会导致孩子胆小且自卑。

3. 孩子在新环境中对陌生人的排外心理

对于一年级的孩子而言，学校的人和事都需要慢慢熟悉，当然也包括老师。孩子在与老师的一次次接触中，逐渐了解老师，形成对老师的认识。在此过程中也极易受到一些事情的影响而改变对老师的看法。由此可知，孩子对老师的认识是不固定且极容易受外界影响而变动的。因此，需要家长积极地帮助老师，在孩子面前为老师塑造正面的形象，但不要利用老师的威严来强迫孩子做他不愿意做的事情，避免对孩子说“你再不吃完这碗饭，我就给你们班主任打电话”这一类的胁迫性语言。

孩子是独立的个体，都有着自己的想法，每个孩子对老师的看法也都不一样。家长正确的引导能帮助孩子在初入小学时快速地建立起对老师的信任。当孩子与老师产生不愉快时，家长在接纳孩子的情绪的同时要帮助孩子建立正确的认知，做好和谐师生关系的维护者。

了解孩子

对于孩子而言，老师是成长路上重要的引导者。但身处同一个班级，面对相同的老师和相同的教育方式，不同的孩子对老师的信任还是会存在着较大的差异。为什么会这样呢？家长如果想帮助孩子信任老师，可以先从孩子入手，了解孩子，找到问题背后的症结。孩子对老师不信任的原因可以分为以下几种。

一、孩子对老师缺少愉悦的体验

没有哪一位家长不希望自己的孩子快乐，也没有哪一位家长愿意让自己的孩子受到批评，但孩子其实是在一次次的试错中，构建他对世界的认知，这其中就少不了老师的教育。孩子刚上小学，要纠正的习惯还有很多，因此在受到老师批评时，不同气质类型的孩子就会有不同的表现。多血质的孩子对待老师的批评能较为愉快地接受，而抑郁质的孩子可能会因此对老师产生惧怕，久而久之，便形成对老师的不信任。

二、孩子与老师缺少良好的互动

现在大多数家庭中的孩子是独生子女，一家人把所有的爱、所有的关心都投在孩子的身上，几乎所有的事情都由家长包办，使孩子逐渐养成了胆怯、懦弱的性格，缺乏独立性。要知道，信任的前提是沟通和互动。因此，在面对陌生的环境时，孩子无法积极主动地参与校园生活，配合老师的工作，无法与老师建立良好的互动，更无法建立信任。

三、在孩子面前家长没有给予老师积极的评价

当面对老师反馈孩子在校一些不太好的表现时，一些家长会选择逃避、置之不理，甚至把责任推卸到老师的身上，在孩子面前不断地埋怨老师，久而久之便会给孩子留下老师不好的印象，这可能会给孩子的成长带来不良的影响。老师不值得信任的形象，会大大地影响孩子参与学校生活的积极性，甚至是产生“不喜欢这个老师就不好好学这门课”的偏见。

面对种种导致孩子不信任老师的原因，我们不妨试着听听孩子的心声，和孩子进行一次沟通，去了解孩子的想法和感受：

1. 我再也不喜欢老师了

明明是我的同桌，今早老师让我们玩游戏，明明总是不遵守规则，还大声地对我说话，让我输了游戏，我不喜欢和他玩，我很生气。上课的时候，他还在唱歌，我一生气就和他打起来了。老师看到我们打起来，连忙过来制止。老师问谁先动手的，我说是我。老师就告诉我不能动手打人，这是不对的。可是我真的很不喜欢明明。听到老师的话，我就感到特别的委屈和难过。老师怎么一点也不懂我呢！

2. 老师一点都不了解我

我叫闹闹，我很喜欢新学校，来到教室，我到处走，穿梭于教室的各个角落，想看看这里和幼儿园有什么不同。我做操时，我会偷偷地溜回教室玩一会儿玩具；户外活动时，我会爬到滑梯上转一圈再下来；上课时，我会钻到桌子底下和同学捉迷藏，我觉得可好玩了。可是老师说我的自由散漫、调皮捣乱已经到了无人能及的地步，我好难过啊！

3. 我不想上这个老师的课

成为小学生有半年多了，我喜欢和同学、老师在一起。可是，我是一个很普通的孩子，老师很少注意我，奶奶整天说老师只会喜欢学习好的孩子，根本不管学习不好的孩子，没有一点责任心。有一天，我上课走神，老师批评我没有认真听课，我很难过。刚才小红也走神了，老师都没批评她。看来老师就是像奶奶说的那样，只喜欢好学生，反正我学习也不好，我再也不想听这门课了。

苏联著名教育家苏霍姆林斯基说过：“对于一个家庭来讲，父母是树根，孩子是花朵。父母们常常‘看到’孩子的问题，其实是他们自身问题在孩子身上的‘开花’。”当孩子不信任老师时，家长可以冷静思考，找准原因，帮助孩子消除与老师之间的情感隔阂，拉近和老师的距离，让孩子重新信任老师。

实施指南

◆ 策略一：信任老师，正确对待老师的“投诉”

批评是教育方式之一，是老师认真负责、履行职责的表现。合理的表扬可以给学生极大的鼓励，及时恰当的批评也能帮助学生改正错误。家长对学校、老师的各种教育举措，不要贸然排斥，应给予足够的重视和关心。家长当着孩子的面贬低老师是不理智的做法，这样会直接影响老师对孩子的教育效果。作为家长，我们应该全面客观地了解孩子在校的情况，虚心听取老师的意见，积极配合老师对孩子的教育，维护老师的尊严。如果家长总是在孩子面前质疑孩子的老师，会误导孩子觉得自己的老师不值得信任，不必跟这个老师学习，会让孩子对学习产生抵触的心理。

在接到老师“投诉”的时候，家长首先要冷静，耐心地听老师把事情的来龙去脉讲述清楚，老师打电话来其实是对孩子表示关心。其次，在询问孩子时，家长应多参照老师提供的信息，孩子年龄小，叙述事情可能不够清晰完整，很多孩子还会避重就轻说问题，让家长错失许多重要信息。再次，对孩子进行教育的时候，除了帮助孩子分析问题所在以及造成的影响，家长还可以表达此刻的心情，比如“伤心”“难过”等等。最后，对孩子提出家长与老师的希望时，切不可篡改老师对孩子的看法，如说出“老师很生气”“老师对你很失望”“老师再也不喜欢你了”之类的话，这只会恶化师生关系，使得教育无效。其实，很多时候，老师批评孩子，不是针对谁，而是觉得孩子可以做得更好。

◆ 策略二：不轻易评价老师

人们都习惯用“好坏”去评价他人，对于不了解的人，先入为主的看法会长时间影响我们的判断，会轻而易举地给人贴上好坏的标签。在很多家长眼中，老师只分为“好老师”与“坏老师”。这位老师的教育方式严苛，孩子接受不了，肯定不是“好老师”；这位班主任不够温柔，也不是“好老师”……人不同于物，不能简单地通过表面就判断出好坏，不能把不符合自己标准的老师就定论为“坏老师”。老师没有好与坏之分，更多是与孩子个性是否匹配。在孩子的求学生涯中，在某一阶段，遇见不匹配的老师也属正常，只要不影响学习，那便不是坏事，甚至可能对孩子而言是一种适应能力的锻炼。所以，家长不要轻易地从反面去评价一个老师，尤其是在孩子面前。因为很多孩子会因为家长的一句话，改变自己对老师的看法，从而影响学习效果。

家长应多换位思考，多夸赞老师，树立老师在孩子心中的威信，引导孩子尊敬老师爱戴老师，“亲其师信其道”，这对孩子的学习成长是十分有益的。家长既然把孩子交到老师手中，就应该给予老师充分的信任。细心的父母会发现，当孩子喜欢一个老师，他对于老师所教授的课程会很感兴趣，会把这门课程学好。而当孩子讨厌某个老师，他对于老师所教授的课程也会很讨厌，无法把这门课程学好。

◆ 策略三：主动配合老师，支持老师的工作

孩子大部分时间都和老师一起学习，家长在和老师沟通时，要给老师充分的信任，让双方在一个良好的氛围里沟通，让老师与家长的关系得以和谐，有效地建立指导孩子成长的家校共育基础。优秀的家长和优秀的老师都会为孩子的进步做出改变。如果我们家长平衡好和老师的关系，那么孩子会在和谐的关系下做得更加出色。在具体的交流中，家长不要惧怕谈话，在沟通中虚心听取和采纳老师提出的教育意见，与老师建立共同的教育目标，针对孩子的情况，一起制订积极有效的教育措施。在孩子有进步时，家校之间可以相互表示感谢和鼓励，因为家长完美的配合换来了孩子的进步。大家彼此理解认同，师生关系和谐了，孩子也会更加喜欢学校生活。教育孩子的路上，需要老师和家长肩并肩，携手共进，协力合作能照亮孩子未来的路。当家长相信学校和老师，才能发挥教育的最大效果。

苏霍姆林斯基说：“学校和家庭，不仅要一致行动，要向孩子提出同样的要求，而且要志同道合，抱着一致的信念，始终从同样的原则出发，无论在教育的目的上、过程上，还是手段上，都不要发生分歧。”

要和孩子一起去欣赏老师，积极地发现老师身上的各种优点，让孩子对老师有更深刻的认知，产生更深刻的信任。

总而言之，良好的师生关系需要老师、学生和家长的三方努力，而且家长在其中起到很重要的作用，协调三方关系，联络贯通。为此，家长要肩负起神圣的责任和使命，让老师的教学活动和孩子的学习活动都能顺利进行。

重视上学
——不让孩子轻易缺课

案例分析

晓菲是家里的独生女，家里人都视其为掌上明珠。晓菲六岁开始上一年级，她对新的学校、新的身份都充满了向往，每天晚上都积极地收拾好自己的书包，盼望着去学校交新朋友。

但开学不久，晓菲就频频迟到。有时是因为要在家里吃早餐，动作慢；有时是因为爸爸妈妈没有调好闹钟，全家还是按照幼儿园的作息习惯。前不久，晓菲家里发生了一件大喜事，疼爱她的舅舅要结婚了，花童的任务就落到了晓菲的身上。晓菲开心极了，精心挑选了各种漂亮的衣服，想在舅舅结婚那天当个漂亮的小花童。但是让晓菲想不到的是舅舅的婚期却和上学的时间撞到了一起，晓菲郁闷极了，一边是精彩的校园生活，一边是疼爱她的舅舅和能够当花童的兴奋，这让她难以抉择。晓菲妈妈却觉得不是什么大事，舅舅那么疼爱晓菲，晓菲不能陪伴舅舅度过人生中最重要的时刻也会非常遗憾，于是没和晓菲商量就致电班主任李老师，帮晓菲请了一天的假去参加舅舅的婚礼。李老师虽然同意了晓菲妈妈的请假，但在电话里也提醒了晓菲妈妈今后要注意按时接送孩子和重视上学的问题。晓菲妈妈在电话里虽然答应了老师，可心里却觉得这些都没什么大不了的，孩子迟到一些时间也没什么，总不能让孩子饿着肚子听课。至于舅舅结婚，请假只是特殊情况，一年级的知识简单，大不了过后补回来就是了，也不必太大惊小怪的。

此后，晓菲迟到和请假的情况时有发生，老师与家长进行了多次沟通，但是家长始终没有重视孩子上学的问题。慢慢地，晓菲不仅是缺席早读，还经常因为各种小问题，要求老师通知家长来接回家。而家长在电话那头听到孩子哭泣的声音就急急忙忙赶来学校，二话不说直接把孩子接回家。孩子缺课越来越多，还养成了只要想回家就哭着给家长打电话的坏习惯，对于学习的态度也越发不端正。晓菲的学习成绩也因此和本班同学拉开了很大差距。因为经常回家，晓菲和同学相处的时间也越来越少，别的同学讨论前不久班级里发生的趣事时，她也搭不上话，只能自己坐在教室的角落里。大半个学期过去了，晓菲在班里也没能交到好朋友。

父母爱子女是本能，但教育是要有理性有原则的。一开始，晓菲在老师的心中是乖巧懂事的孩子，第一天见到她，就能感受到她对小学生活的向往，从她那充满灵气的眼睛和认真的表情，就知道她喜欢小学生活。她和善地和同学打招呼，礼貌地向老师问好，她是多么想融入班集体。可是，孩子的家长动不动就为孩子的迟到和请假找各种理由，慢慢地孩子就会觉得自己和班上的其他同学不一样，对上学也不再充满期待，还以各种理由逃避自己不喜欢的或者有挑战的课程。久而久之，晓菲和班上的孩子拉开了距离，有了隔阂，她在学校的笑容也越来越少了。

生活中，像晓菲家长这样不重视孩子上学的现象普遍存在，其根源主要在于以下几个方面。

1. 家长过分溺爱

每个孩子对家庭来说都是无价之宝，部分家长总是觉得孩子还小，各种担心随之而来：担心睡眠不足，担心吃饭吃不好，担心孩子弄脏衣服，担心孩子在学校受委屈……家长往往选择替孩子包办一切。希望孩子按自己的想法做。其实，大人与孩子的生活节奏、生理节奏以及生命节奏都是大不相同的。经常被打乱节奏的孩子，可能会有易烦躁、耐性差、不善交往的特征，不能很快地养成良好的行为习惯，与此相应的表现有反应迟缓，对某些事物过分依赖，不能独立，难以适应社会生活。

2. 家长思想上不重视

对于孩子上学问题，家长往往存在这样的想法：反正才是一年级，学的知识还是比较容易的，不就缺一两节课嘛，缺就缺吧，没事。有些家长甚至这样说："我们那个年代，都是玩得多，也是经常缺课的，才上一年级呢，大不了二年级再努力嘛，没有关系的。"儿童社会化的最初场所是家庭，家庭成员尤其是父母的道德观念、价值观、行为习惯等将潜移默化地影响孩子，孩子也会逐渐吸收父母的价值取向，并将其内化为自己的价值观，进而表现出相应的行为。无论是案例中晓菲妈妈认为"缺课没关系""才刚上一年级，大不了之后再努力"这样的想法，还是一些家长对家庭教育的毫不上心，这些都必然会传递给孩子，使得孩子也认为"上学不是一件重要的事"，从而不能约束自身，养成良好的上学习惯。

3. 家长对孩子灌输"特殊化"的思想

家长关心自己孩子的心情可以理解，然而，如果让孩子形成凡事以自我为中心的行事习惯，那就会给孩子带来非常大的负面影响，这不利于孩子的健康成长。从以美国教育家约翰·杜威为代表的现代教育理论的观点来看，教育系统中必须确定儿童为中心，所有的资源都是围绕儿童而设立的，既包括了学校、教师，也包括了其他的同学。然而"儿童中心"，并不等同于儿童"高人一等"。家长若是常提出超越学校规则的要求或是无视班级规定，我行我素，久而久之就容易在孩子幼小的心灵中形成一种"特权"思想，让孩子觉得自己与众不同。这种思想虽暂时满足了的需求，却也使孩子失去了与其他小朋友平等交流的机会，对于孩子的成长非常不利。

了解孩子

根据埃里克森心理社会发展理论的八个阶段，3～6岁属于学龄初期。在学龄初期的表现一般为：受到鼓励，幼儿就会形成主动性。如果成人讥笑幼儿的独创行为和想象力，那么幼儿就会逐渐失去自信心，这使他们更倾向于生活在别人为他们安排好的狭窄圈子里，缺乏自己开创幸福生活的主动性。6～12岁属于学龄期，而6岁正是学龄初期到学龄期的过渡阶段，所以也被视为人生的第一个门槛。

对于初入学龄期的孩子来说，家庭仍是他们的核心，家庭的教养方式对孩子是否能顺利从学龄初期向学龄期过渡，进而适应小学生活起到至关重要的作用。

从心理学的研究角度来看，晓菲由“热衷上学”到“缺课”的变化，主要有以下两个原因。

一、家庭独有的教育方式与学校教育产生冲突

>>> 1. 过分溺爱与严格要求的冲突

被“溺爱”的孩子大都表现为“衣来伸手，饭来张口”，尽管他们早已具备一定的自理能力，可家长没有原则和过度的宠爱让他们很难培养出责任感。责任感是学习动力非常重要的来源，动力不足则导致了这类孩子学习难以持久，甚至是难以跟上学习进度。趋利避害是人的本能，当家庭过分的溺爱与学校的严格要求产生冲突的时候，孩子更愿意回到家庭这个“温暖的港湾”以获取情感上的舒适，逃避学习上的压力与负担。

>>> 2. 家庭教育价值取向与学校育人导向的冲突

家庭教育和学校教育无论是从时间上还是形式上都有所不同，在育人的导向上难免出现冲突。在家庭教育中，孩子会不断地吸收家庭教育中的价值取向，内化成自己的价值观并在行为上有所体现。而学校教育是为了使学生在教育过程中不断完善自身，实现德智体美劳全面发展。当家庭教育价值取向没有起到很好的正向引导作用，孩子也不会重视上学。

二、孩子自身的发展规律

一年级的孩子情绪容易波动，一会儿在爱，一会儿在恨。这个阶段的孩子生气蓬勃、精力充沛，猛烈地生长，喜欢尝试新的事物，会因自己要求过于强烈而难以适应他人，若是遇到如意的事尚能够顺利合

作，但稍不称心，则大哭大闹。孩子为了引起父母的关注、关心，会提出“我要妈妈帮我穿鞋子”“我要奶奶喂我吃饭”等要求。父母心疼孩子，或者为了让他开心，往往会满足他的需求，这会加强他的依赖心理，导致孩子离不开父母。

以下是孩子在尝试适应新环境时我们或许不曾在意的声音：

1. 我希望能按时上学

爸爸妈妈每天都说我正是在长身体的时候，早餐要吃好，所以妈妈每天都变着花样给我做早餐，可费功夫了。每天等吃完早餐再去上学，早读时间早过了。有时我为了赶时间吃快些，妈妈还总说：“急什么，就只是晚一会儿，老师不会怪你的。”班里的同学发现我经常迟到，慢慢地都不喜欢跟我玩了，我对自己也越来越没有信心。唉！我该怎么办？

2. 希望跟别的同学一样

我希望跟别的同学一样，可父母却常常给我“搞特殊”。上回爸爸妈妈带我去旅游，请了三天假，我可开心了。可是我也很喜欢去学校，想和同学们一起学习。我向爸爸提出了假期再去旅行的请求，可爸爸却对我说：“爸爸这次要去厦门出差，机会难得，顺便带你去旅行。你放心，我已经帮你向李老师请好假了，缺几天课也不要紧的。”一边是我爱的旅行，一边是我喜爱的老师和同学，我可真难选呀！

3. 我该听谁的

由于上学经常迟到，我每天的课内作业都不会写。老师鼓励我："只要按时到校，好好听课，这些题目你都能做对。"可妈妈却说："没事儿，没听的知识，妈妈回来教你就行，这还不简单。"他们的话我到底听谁的？我好像还是没有完全适应小学生身份，谁能帮帮我呢？

实施指南

学校教育是一个人一生中所受教育中重要的组成部分。从某种程度上来说，学校教育决定这个人的社会化的水平和性质，是个体社会化的重要基地。既然学校教育如此重要，那么家长如何更好地帮助孩子养成重视上学的习惯呢？具体策略如下。

◆ 策略一：情境体验，让孩子知道上学的重要性

教育心理学中的建构主义理论认为，学习者要想完成对所学知识的意义建构，最好的办法是让学习者到现实世界的真实环境中去感受、去体验，而不是仅仅聆听教师或长辈关于某种经验的介绍和讲解。要让孩子认识到上学的重要性，家长可以创造情境，让孩子亲身体验，从而认识到上学的重要性。

彤彤是一位刚上一年级的小学生。刚好这段时间，妈妈又生了弟弟，弟弟的到来，让彤彤很是欢喜。每天和弟弟互动，让她觉得意犹未尽，以至于上学一周后彤彤就以各种理由想请假在家玩了。妈妈根据

彤彤的表现，和老师沟通后，就和爸爸商量周末的时候带她回自己的老家，打算让孩子亲身去做情境体验，认识到上学的重要性。

妈妈的老家是个贫困的山区，妈妈经过努力学习，用知识改变了命运，大学毕业至今在一家国企工作。

回到了老家，妈妈首先带彤彤来到村里的小学里参观，彤彤看到破旧的学校，小姑娘的认知受到了冲击。妈妈还给彤彤讲述了她的朋友因家里贫困而没有继续完成学业的事，彤彤听了十分难过。在妈妈的情境教育下，回家的路上彤彤坚定地和妈妈说："妈妈，上学真的太重要了，以后我要天天去上学，弟弟小，他先在家慢慢长大，等他长大了，让他向我学习。我们都要坚持上学，认真学知识，长大做像妈妈一样的人。"妈妈听后，欣慰地抱紧了孩子。

要想改变孩子的行为，必须先改变孩子的思想。刚上一年级的孩子，关于大道理也许还不明白，但是情境体验能让孩子切身感受到事情的影响，孩子更容易知道自己的行为该怎样改变才是正确的。案例中的彤彤妈妈没有一味地用道理说教，而是通过带孩子进行情境体验，用直观的事实触动孩子的心灵，从而让孩子真切地体会到上学的重要性。

◆ 策略二：重视引导，让孩子更好地上学

英国哲学家洛克在他的"白板说"中提出这样的观点：人最初的心灵就像一块没有任何记号和任何观念的白板，一切观念和记号都是来自后天的经验。一年级的孩子对于小学的学习生活就像是一张白纸，好的规则意识和习惯的养成将为这张白纸打上好的基调。

所以，家长在孩子上学的过程中要及时引导孩子重视上学，才能让孩子更好地上学。

小瑾是一名一年级的学生，是一个对小学生活充满热爱但又有些迷茫的孩子。在上学前，小瑾父母在安抚好孩子的情绪的同时，还告诉孩子上学的重要性。

在学习上，因为一年级相对于幼儿园来说课程量是增大的，小瑾父

母每天提醒孩子做好学习的准备，并关心询问孩子学习上遇到的困难，耐心地帮助孩子分析并解决问题。在家长的帮助下，小瑾不断地适应着小学的学习量，还能在平时的课堂上和测试中取得优秀的成绩，家长表扬他坚持上学不缺课换来了好成绩，老师表扬他是重视上学的好孩子，这让小瑾收获了成就感，更喜欢上学了。

外婆过生日了，小瑾在苦恼要不要请假去参加生日宴会。在爸爸的引导下，他最后选择了给外婆拍一段短视频祝外婆生日快乐。外婆表扬他是个优秀的热爱学习的小学生。

就这样，在父母的引导下，小瑾知道了上学的重要性，慢慢适应了小学的学习生活，在学习中收获了进步。

凡事预则立，不预则废。一年级是孩子学习的重要转折时期，家长要注重引导，帮助孩子顺利过渡，让孩子以最快的速度、最好的状态投入到小学学习中去。小瑾的父母是善于引导的父母，他们抓住生活的每一件小事，有意识地去引导孩子，帮助孩子，给孩子良好的导向，培养孩子重视上学的意识。

◆ 策略三：加强孩子的自我监督，让孩子自觉上学

著名教育学家奥苏伯尔认为，人类的学习可分为机械学习和有意义学习。机械学习是被动的学习，不利于孩子的长远发展，而有意义的学习是非人为和产生实际性联系的学习。所以，家长们应该培养孩子自主上学的习惯，实现由“扶”到“放”。

研究发现，初步养成一个习惯需要21天，而形成一个稳定的习惯需要90天。六七岁的小学生要培养良好的学习习惯，需要家长的帮助。家长们应该用发展的眼光培养孩子，用科学的方法让孩子从机械学习转为有意义学习，让孩子尽快培养上学习惯，由重视上学到自觉上学。如何培养孩子良好的上学习惯呢？打卡上学就是一个可行的方法。

习惯养成：打卡上学。

培养目标：让孩子养成重视上学的习惯。

前期准备：活动计划表。

养成过程：

1. 和孩子商量打卡上学的事宜并制订打卡计划表。

2. 坚持21天打卡。

3. 孩子及时反馈每天的上学的情况，尤其是上学每天学到了什么知识，每一天的进步有哪些。

4. 实行奖惩制度。如果孩子因不能坚持天天上学导致缺课，那么家长要明确自己的态度，告诉孩子这样做是不对的，孩子要接受相应的惩罚。当孩子做到坚持每天上学的时候，家长应该给予表扬和鼓励，让孩子体会到得到表扬的快乐，收获成就感，自觉督促自己今后重视上学，培养好习惯。

5. 21天一个阶段。及时评价，不断鼓励，直至习惯养成并稳定。

经过“打卡上学”的训练，让孩子养成坚持上学，不迟到、不早退的习惯，家长还要不断反复强化，直至习惯得到稳定。这样孩子就能慢慢地学会独立，以后即使父母不在身边监督，依然能重视上学，把上学作为自己必须要做的事。

延伸拓展

一、阅读推荐

> >> 1.《儿童纪律教育——建构性指导与规训》(第四版)(作者：[美] Marjorie V· Fields、[美] Debby Fields 著，原晋霞、蔡菡、陈晓红译；出版单位：中国轻工业出版社)

理由及建议：作者总结了其三十余年的幼儿教育经验，展示了全面实用的儿童纪律教育方法。在阐述与纪律教育有关理论的基础上，介绍了如何通过各种手段了解儿童、分析儿童产生纪律问题的原因并寻找合适的解决办法。全书运用了“我—你—他”的对话式写作风格，使家长容易参与文本，在比较和鉴别中，心悦诚服地接受作者的观点，与作者进行思想的交流与碰撞，家长也能充分发挥自主性。

> >> 2.《好父母　好家教——魏书生谈家庭教育》(作者：魏书生；出版单位：漓江出版社)

理由及建议：这本书根据近七十种实际情况为众多家长答疑解难，魏书生的家教经验独树一帜，实在又实用。书中包括了要做孩子的良师益友（如何批评孩子）、教育子女德为先、培养孩子良好的习惯、因材施教、为家庭分忧能使孩子更坚强、该不该给孩子请家庭教师、防止家教进误区等等案例分享。

> >> 3.《一年级小学生要养成的49个好习惯》(作者：章程编著；出版单位：中国少年儿童出版社)

理由及建议：叶圣陶先生说过：“教育就是培养习惯。”生活中，我们经常会抱怨自己的孩子，如何不爱上学，如何和家长顶嘴，如何不懂得保护自己……其实这些都是和孩子的习惯紧密相关的。习惯是人生之基，常常可以决定一个人一生的道路。而培养孩子良好习惯的神圣责任，毫无疑问地落到了家长的身上。家长不一定要成为一名真正的教育家或心理学家，但是至少可以去学习和了解关于孩子的各种心理和表现，然后根据这些去选择培养孩子好习惯的方法。

二、视频推荐

> >>《谈家庭教育》(主讲人：魏书生)

理由及建议：读一年级后，孩子能否快速地适应小学生活，实现身份的顺利过渡，家庭和学校的配合起到了重要作用。视频中魏老师幽默风趣的语言将给在困惑中的家长指明方向，更好地帮助孩子养成良好的生活和学习习惯，应对小学生活中的难题。

评估改进

一、自我评估

亲爱的家长，您好！您在日常生活中的实际情况与下面列出的表现是否相符？若相符，则选“是”；若不相符，则选“否”。

	是	否
① 您是否有注意到孩子不适应规则或不遵守规则的情况？	□	□
② 您是否认为培养孩子的规则意识很重要？	□	□
③ 您是否对小学生规则意识的培养有所了解？	□	□
④ 您是否认为孩子规则意识的培养对孩子日后的生活有影响？	□	□
⑤ 在日常生活中，当您的孩子不遵守规则时，您是否会提醒孩子认真遵守？	□	□
⑥ 孩子不愿意写作业时，您是否会先了解他的困难，再帮助和引导他？	□	□
⑦ 您是否经常主动和老师联系，询问孩子近况？	□	□
⑧ 您对孩子的班主任教学和管理是否满意？	□	□
⑨ 您是否对孩子老师的性格、教学的风格有所了解？	□	□
⑩ 发现孩子有不良行为习惯时，您是否会主动去和老师沟通，并寻找帮助孩子改正行为的方法？	□	□
⑪ 老师跟您反馈孩子在学校出现不良行为并提供建议时，您是否会接受并赞同？	□	□
⑫ 您是否对老师提出的帮助孩子改正不良行为习惯的建议能真正落实到位？	□	□
⑬ 在对孩子的教育方面，您是否认为自己受老师、专家的影响较大？	□	□

	是	否
⑭ 您是否对孩子读的小学有了解？	□	□
⑮ 您是否对子女在校情况有较深入的了解？	□	□
⑯ 您平时与孩子交流时是否会聊到学校并引导孩子喜欢学校？	□	□
⑰ 孩子在校如果犯错，您是否会和老师沟通解决？	□	□
⑱ 如果孩子找借口缺课，您是否会和老师形成统一教育战线，不让孩子轻易缺课？	□	□
⑲ 您和您的爱人在对待教育孩子的问题上有不同意见的时候，是否会求同存异？	□	□
⑳ 您是否会以身作则引导孩子重视上学？	□	□

【评估参考】

①第1～5题：若您选择“是”较多，说明您关注到了对孩子规则意识的培养，注重引导孩子积极遵守学校规则，积极帮助孩子适应学校，注重言传身教；反之则说明您对孩子规则意识的培养关注不够，需要尽早扭转观念，积极配合学校，实现家校共育。

②第6～13题：若您选择“是”较多，说明您对孩子行为习惯养成非常重视，能意识到家校共育对孩子的成长有着极大的关系，是一位支持和相信学校和教师的家长；反之则说明您对孩子行为习惯养成不大重视，没有意识到积极配合老师对孩子的成长的重要性。

③第14～20题：若您选择“是”较多，说明您对孩子的上学是重视的，而且会用科学的方法指导孩子适应小学的学习生活；反之则说明您不够重视孩子的上学，没有掌握很好的科学方法去帮助孩子适应小学的学习生活，建议多和老师沟通。

二、改进计划

亲爱的家长，您好。阅读本专题后，您应该对如何从家校共育的角度，引导遵守学校规则、信任老师、重视上学方面有了更全面的认识。下面请您结合实际，写出自己的改进计划，并逐项完成。